...

LE FLOT

DE MA VIE

MATER

SADMON

TABLE DES MATIERES

Avertissement

Le Flot de ma Vie, mon autobiographie romancée poétique, se voulait être le reflet de l'histoire de mes enfants et de moi-même. Le handicap étant le sujet de cette œuvre, je désirais qu'elle en soit imprégnée même dans sa structure. Aussi vous constaterez que dans ce livre, alors qu'une table des matières est présente, les numéros de page manquent. Pourquoi? Comme vous le savez, les numéros de pages dans une œuvre permettent de se repérer; c'est grâce à eux qu'on peut situer un passage. Sans eux, cela devient difficile. Ici cette difficulté liée à l'absence de numéros de page est la métaphore de la déficience intellectuelle de mes enfants. Cette absence de numéros rappelle le dysfonctionnement intellectuel de mes enfants. En l'absence de ces fameux numéros, on se doit de trouver des moyens pour se repérer, au même titre qu'il faut trouver des moyens pour rendre mes enfants fonctionnels avec leur déficience intellectuelle. De plus, avec la présence de la table des matières, on pense à première vue que ce livre est comme les autres –reflet du handicap invisible– mais, finalement, il est particulier –symbole du handicap visible–. Ce livre devait donc être le miroir de notre particularité, avec un handicap à la fois visible et invisible.

Bonne lecture à vous.

Mes remerciements à un être très cher en mon cœur qui n'a eu de cesse de me soutenir, de m'encourager et de me donner de l'affection.

Il y a des douleurs qu'on ne peut exprimer…verbalement… si ce n'est par l'écriture.

. . . .

Le manque

La perte d'un être cher,

Cet être qui tant nous a bercé et qui de chair n'est plus

En nous un vide, un néant, un manque créé

Ce manque est encore plus alarmant lorsque cette perte, légitime n'est
Oui tous pensent que parce que cet être

Notre mère n'est, notre père n'est, nos grands parents ne sont, le manque moins absorbant est

L'amour qu'il soit filial, parental, amical ou adoptif, toujours Amour demeure

Et bien que les liens, parfois de sang ne sont, lors de la disparition de l'être cher, le vide, le néant, le manque en nous de l'étouffement provoque, de l'étourdissement dans notre chair provoque...

Parce que cet être notre mère n'est, notre père n'est, nous pensons alors que nos larmes point légitimes ne sont...

Et pourtant... la douleur profonde demeure... et le manque plus envahissant devient.

... À ma tendre tata d'amour ♥

...

LE FLOT

DE MA VIE

MATER

SADMON

...

BIOGRAPHIE

...

Qui suis-je? Michèle-Francine Acho est mon nom de naissance, mais Sadmon est mon nom d'auteure.

Pourquoi Sadmon? Sadmon, est la combinaison des prénoms de ma fille et de mon fils, qui sont indissociables de moi.

De nationalité française, mais d'origine ivoirienne, j'ai immigré au Canada en 2009, et suis devenue québécoise il y a maintenant onze ans. De formation littéraire, j'ai fait une licence en lettres modernes, l'équivalent d'un baccalauréat en linguistique au Québec, pour ensuite revêtir le manteau d'enseignante de français.

Pourquoi avoir voulu écrire? Chacun de nous porte des blessures, mais les blessures liées à la famille font partie des plus difficiles à panser.

Comme chacun de vous, je porte mes blessures et ce sont les blessures liées à ma famille qui m'ont poussée à écrire dès mes treize ans.

L'écriture qui s'est alors révélée à moi, de façon naturelle, fut l'écriture poétique. Cette écriture si métaphorique, parfois si abstraite, jonchée de multiples interprétations, m'a permis, virtuellement, de sortir de mon mutisme. Cette secrète écriture, salvatrice écriture, qui m'a suivie de mon adolescence jusqu'à maintenant, m'a permis de survivre.

De cette secrète écriture de versets, encouragée par une personne −magnifique personne− surprise j'ai été de voir que j'étais capable, pour me libérer d'une autre blessure −blessure de maman− de passer à l'écriture prosaïque, écriture plus concrète, plus ancrée dans la réalité, avec laquelle il est plus difficile de voiler ses émotions, avec laquelle je ne peux plus prétendre, car prétendre n'est plus mon objectif.

J'avais ce besoin de partager mon histoire, de permettre à d'autres, à travers mon histoire, de sortir de leur isolement, de sortir de leur souffrance, de clamer qu'ils ne sont pas seuls à vivre leur situation. Oui, à travers ma prose et ma poésie, j'ai ce désir de soutenir toutes ces personnes qui portent des blessures, qu'elles soient connues ou non de leurs proches. J'ai cette envie de leur dire que des jours meilleurs s'offrent à elles; un message d'espoir, tel est le message que mon écriture souhaite livrer.

MATER

...

PRELUDE

...
MATERNITÉ
...

Maternité,

ô maternité, magnifique et mémorable expérience dans la vie d'une femme.

D'une femme active, professionnellement parlant, je passai à ce stade auquel dans le passé je me refusais, préférant une carrière... Mais l'amour, d'idée me fit changer, et c'est avec bonheur et excitation que je me lançai dans cette aventure...

Le bonheur? Sentir ce petit être grandir en soi, communiquer avec lui par les caresses et le battement de nos cœurs... Puis, la DÉLIVRANCE.

Pour cette délivrance tant souhaitée dans les deux derniers mois, la péridurale je refusai car sentir mon bébé –mes bébés– naître, je désirais: cela était vital pour moi.

Quelle sensation magnifique et difficilement explicable de le toucher pour la première fois, de le porter sur son sein pour la première fois, de l'allaiter pour la TOUTE première fois... Un bonheur immense qui cache la dure réalité à venir: maladie –épilepsie, handicap–, meurtrissure de la mère aimante et inquiète. Inquiète de l'état de ses enfants, soucieuse de leur avenir, au point de s'abandonner à eux, de se perdre psychologiquement... Assaillie de toutes parts j'étais et continue d'être.

Mater, c'est ma vie et celle de mes tendres chérubins, Sade et Djimon.

Mater, c'est la culpabilité qui chaque jour me ronge sur l'état de mes petits anges. C'est aussi la colère et cette gargantuesque IMPUISSANCE que je ressens face au handicap de ma fille, au coma de mon fils, aux diagnostics des médecins, à la vie, ma vie, leur vie...

Ici, je livre une fois de plus à ma tendre confidente, Ma Feuille, mes émois, ma Détresse et ma HANTISE.

LE FLOT DE MA VIE

...

INTRODUCTION

Le flot de ma vie me ramène constamment à la Destinée…

Qui n'a jamais fait de retour sur sa destinée, ou encore fait une projection de son destin?

Ma destinée, plusieurs fois je n'ai eu de cesse de penser à elle. Je me rends compte que les moments où je songe le plus à elle, ce sont dans mes instants de drame, de tragédie.

Ma destinée a commencé étrangement, si je me réfère à ce que ma mère me contait de ma naissance à ma prime enfance.

Mon père, qui voulait trouver son Eldorado, s'était rendu en France, alors que ma vie commençait dans les entrailles de ma mère. Selon nos croyances, ma mère dit de cette absence, que je refusai de venir au monde. Pour que je puisse voir le jour, ma mère qui était âgée de dix-huit ans, endura près de vingt-quatre heures de contractions.

Avant d'avoir des enfants, lorsqu'elle me racontait cette souffrance, je compatissais mais n'avait alors aucune idée de ce que cela représentait. Maintenant que je suis passée par là deux fois, je ne compatis plus, mais je souffre à sa place, je me vois même me tordre de douleur à sa place, hurler à sa place, me crisper à sa place. Oui, je me mets complètement à sa place et remercie mille fois le ciel de n'avoir endurer pour mes deux enfants que trois heures d'intenses contractions.

Donc, selon ma mère, je refusais de venir au monde car j'exigeais depuis ses entrailles d'avoir mon père à mes côtés. J'exigeai sa présence. Alors, toujours selon notre culture et nos croyances, on fit venir au chevet de ma mère un frère (comme on le dit chez nous), plus précisément un cousin germain de mon père. Je l'acceptai et le pris pour mon père. Par ce stratagème, je finis par venir au monde. Fini la torture sur ma mère.

Malheureusement, à ma naissance, mes yeux refusaient de voir… Toujours selon ma mère, j'étais offusquée par l'absence de mon père. Donc, je refusais, de voir: deux ans de cécité. Toujours selon nos croyances, j'exigeai une fois de plus ce père absent et, comme toujours, pour me permettre de sortir de mon état, on fit venir un cousin de mon père… Convaincue qu'il s'agissait de mon père, je me décidai à VOIR.

Parce que je ne voyais rien avant, je ne marchai qu'à partir de deux ans. Cependant, autant mes yeux me faisaient défaut, autant ma parole était vive. Ma mère dit que, de ses huit enfants, je suis celle qui a acquis très tôt la parole. Elle dit que j'ai commencé à parler entre douze et quinze mois. De ses souvenirs, bien qu'aveugle, je reconnaissais tout le monde et commentais tout ce que ce monde disait. Il était difficile de parler devant moi car je répétais tout… J'étais un véritable espion (kpakpato, comme on le dit chez moi)!

Voici, donc, comment ma destinée commença... Elle se poursuivit par la séparation douloureuse d'avec ma mère et une autre femme: ma Nana, ma grand-mère bien aimée. Nana, parce que ma mère était jeune, m'éléva de ma naissance à mes quatre ans. Cette Nana, que je ne revis jamais: elle décéda en 1999. Cependant, je ne l'ai jamais oubliée. D'ailleurs je ressens encore son amour sain. Que de larmes j'ai versées à l'annonce de son décès. Que de colère j'ai ressentie contre mon père pour ne pas m'avoir laissée l'occasion de la revoir une dernière fois...

Oui, à quatre ans, je fus séparée de mes deux mamans pour rejoindre ce père absent mais tant désiré. Celui qui fut la cause de tous les petits maux de ma prime enfance. À quatre ans, je pris seule l'avion direction la France. J'y retrouvai mon père, ce visage inconnu. Ce visage tant recherché, dont je n'avais plus de souvenir, m'accueillit le 29 décembre 1985 à l'aéroport de Roissy-Charles de Gaulle, le jour même de mon anniversaire. Le destin fit ainsi, comme s'il voulait me faire renaître. Et effectivement, ce voyage, marquant chez moi la rupture avec les deux figures maternelles qui bercèrent ma tendre enfance, me mit dans un autre monde, un autre univers: une renaissance, véritable renaissance cela fut pour moi. L'adaptation ne fut nullement difficile vu que ce père tant cherché était retrouvé.

Mon père, venu en France, trouva le bonheur dans les bras d'une autre femme avec qui il eut, l'année de mon arrivée, une magnifique petite fille, ma sœur, mon bébé, mon cœur, mon tout.

J'ai eu une enfance magnifique auprès de mon père et de sa femme. Sa femme, ma maman comme j'aime l'appeler, ou encore, comme surnom affectif, la Vieille, me couva tendrement. Entourée de cette nouvelle famille, je m'épanouis. Je fus une brillante élève. J'avais la joie de vivre. J'étais très créative. Ainsi chérie, je faisais tout pour contenter et satisfaire ce père recherché. Mon père, mon papounet... mon papounet, que s'est-il passé? Que s'est-il passé?

Ma destinée se ternit à mon adolescence... Dépossédée de moi, de mon être, de mon corps je fus durant 13 ans...
Mon adolescence, première véritable souffrance de ma destinée, premiers regrets de ma vie... Ma vie, ma vie que je commençais à exécrer et que je nourrissais l'envie de quitter. Moi, adolescente, alors qu'aux yeux de tous je paraissais épanouie, je sombrais dans l'obscurité. Je m'enlisais dans les ténèbres et en voulais rudement au destin, à mon destin, à ma destinée. Âgée de dix-sept ans, je commençais à planifier différentes façons de sortir de ce monde. Et, à l'âge de vingt trois ans, je fis plusieurs grosses tentatives de suicide, dont deux graves. Mon sauveur? Mon tout, ma petite sœur. Je ne sais comment la remercier de m'avoir à chaque fois sauvé la vie grâce à sa

perspicacité et à son amour, véritable amour, amour sain, pour moi. Merci ma Gaga, mon bébé.

Mon mal-être prit fin le jour où je quittai ce père tant désiré... Et là encore, rupture brutale. Onze années de rupture familiale, agrémentées de colère, de haine contre ce papounet, mon papounet. Ce père désiré qui, dans le tourment de nos mésententes, dans le tourbillon de ses excès et incorrections, dans l'obsession de son amour malsain, me clama comme la foudre que *j'aurais des enfants handicapés*... Des enfants handicapés... Par cette parole, insensée parole, une malédiction sur ma descendance, il lança. Oui, mon propre père m'avait maudite. Cependant, dans mon cœur, l'amour pour lui, mon papounet, mon petit papounet, demeurait toujours présent, enfoui loin, très loin...

Le départ de chez ce parent tant réclamé, de cette figure paternelle tant admirée, aimée et respectée, marqua un nouveau chapitre dans ma destinée. Ce troisième recommencement avait là encore bien commencé, avec un homme que j'aimais et qui m'aimait. Cet homme qui, dans ma rupture familiale, me soutint, m'embrassa, devint ma famille, mon unique famille dans ce pays où point de mère je n'avais, ou plus de la Vieille je n'avais, ou plus de père je n'avais… Moins seule je me sentis. Il devint mon Ange, et Mon Ange devint son nom.

Dans toutes les circonstances, il n'a eu de cesse d'être présent, de temporiser mon caractère de feu… Il était celui qui, d'après moi, me convenait et qui devait me faire passer au travers de ce moment difficile, pénible, déchirant. Pour me rendre, une fois dans ma vie, maîtresse de mon destin, je décidai de l'épouser et de fonder avec lui une famille. Je pouvais enfin retrouver une famille. Moi qui ne voulais point d'enfants, en désirais vivement. C'est ici que ma culpabilité commence. Je fis un enfant avec Mon Ange… Conséquence? Premier enfant avec un handicap… Oui, ici ma culpabilité se décuple, se multiplie, devient étouffante. Pourquoi? Parce que je n'ai pas conçu cet enfant dans de bonnes conditions. Pourquoi? Parce que je n'avais jamais considéré les paroles de mon père sur le handicap de ma descendance. Or, qui n'a jamais entendu dire que la parole est vie? Et, dans nos traditions, la parole d'un père, d'une mère serait égale à celle d'une divinité. Mais, ayant grandi dans une famille mixte (maman caucasienne et papa africain), un milieu de culture différente, je n'en fis aucun cas. C'est pour cela que, pour moi, ce drame est une punition. Ma punition tout simplement. Je paie le prix fort de cette insouciance… Le prix fort.

La culpabilité, qu'elle soit justifiée ou non, est un dangereux compagnon pour les êtres en souffrance. Moi, je souffre, et plus je souffre, plus je culpabilise. Je culpabilise tout le temps, surtout de la condition de mes enfants, de ma vie maritale, de la famille que j'ai fondée et qui a éclaté en mille morceaux, disloquée, évaporée… Cette culpabilité me fait en vouloir à ma destinée, triste destinée, destinée qui avait mal commencé. Je n'ose, de peur d'être fataliste, dire qu'elle s'achèvera aussi mal qu'elle a commencé, aussi je garde espoir qu'elle sera plus réjouissante, plus glorieuse. Car ma destinée, je l'attends au tournant et, quand le moment viendra, elle et moi réglerons nos comptes en femmes de feu que nous sommes !

L'état de mes enfants, deuxième partie de mon troisième recommencement, second drame de ma vie. Oui, ici je voudrais expliquer pourquoi j'appelle cela un drame. N'ayant nullement été préparée à vivre la situation d'enfant avec un handicap, je la vis parce qu'il faut la vivre. Il faut la supporter et il faut l'affronter. Il faut l'affronter parce que nous sommes dans un monde où il n'y a pas de place pour la différence. L'affronter pour permettre à mes enfants d'avoir les meilleures armes pour vivre dans notre société, pour survivre dans notre société où la différence est une tare, où la différence est un péché.

Bien que je perçoive notre situation comme un drame – je dis bien « notre » car leur problématique est une affaire familiale–, donc bien que je la perçoive comme dramatique, je refuse le fatalisme concernant mes enfants. J'œuvre pour qu'ils aillent au-delà des diagnostics, non pas parce que je le veux, mais parce qu'ils en sont capables. Oui, ils ont des limitations physiques: à ce jour, mon fils de cinq ans, à cause de sa quadriparésie, ne peut pas sauter, mais est-ce à dire qu'il n'y parviendra pas un jour? Certes, il ne peut pas grimper sur un mur d'escalade, mais est-ce pour autant qu'un jour il n'y arrivera pas? Et quand bien même il n'y arriverait pas, cela lui enlèverait-il toutes ses autres aptitudes? À mon avis, si sa sœur et lui ne peuvent faire ce que la majorité des enfants de leur âge font, ils doivent néanmoins s'épanouir dans ce qui leur est accessible de réaliser. Mon rôle est de les y aider, de les encourager, de les motiver et surtout de les valoriser dans chacune de leurs actions .

Pour mes enfants je ressens de l'injustice, car je me dis qu'ils n'ont pas mérité cela… Je me dis que je suis la cause de leurs problématiques, de leur épilepsie, de leur quadriparésie, de sa paralysie cérébrale à elle, de son coma à lui. Je me sens responsable et fautive de tout à cause des raisons que j'ai évoquées plus tôt. De cette responsabilité que j'embrasse, mon esprit se terre dans la dépression, alors que mon corps s'alimente de l'hyperactivité.

La cause de ma dépression est sans aucun doute la non-acceptation de la condition de mes enfants, dont je m'attribue l'entière responsabilité. Je me dis que si j'avais pris en considération les propos de mon père, je n'aurais pas enfanté et par le même fait mes enfants, puisqu'ils ne seraient pas, n'endureraient pas ce qu'ils vivent présentement. Mais, comme on dit: « avec des SI on referait le monde ». Je n'ai donc pas le choix: je dois vivre avec. Attention, j'aime mes enfants, je les aime tellement que leurs souffrances me poignardent, leurs joies me transportent. C'est la raison pour laquelle je m'oblige, me contrains à être une mère dévouée, un véritable guide et un maître pour mes enfants.

Parce qu'à cause de moi et de mes antécédents, ils sont à part, en marge de la norme, je me dois de les préparer à affronter la rudesse de notre monde. Cela, je le fais chaque jour, mois après mois, année après année. Pour moi, c'est ma mission, c'est mon devoir. Ce sont mes obligations, afin de m'excuser auprès d'eux, pour leur demander pardon et obtenir ainsi leur clémence, espérant qu'à leurs yeux je ne sois pas la criminelle de leur condition −soupir−.

Qu'est-ce que la non-acceptation d'un diagnostic, d'une situation? C'est tout bonnement le fait de refuser une réalité parce qu'elle est trop dure à accepter, à tolérer, à supporter. Je ne supporte pas la tournure que ma destinée a sur mes enfants. Ma destinée m'a tout fait perdre: un mariage, une vie familiale et la joie d'une parentalité que j'avais projetée. À tout bien réfléchir, je pense que c'est cette projection que j'avais, jadis, de ma destinée future qui devait effacer toutes les souffrances de mon adolescence, mais qui n'y est pas parvenue, qui me fait avaler la couleuvre si difficilement. Cette situation me laisse entrevoir que je n'ai plus d'avenir, mais que mes enfants, qui en ont un, malgré tout, doivent être amenés à le construire et à en jouir. De ce fait, oubliant mon avenir au profit du leur, j'agis pour leur garantir le meilleur futur possible. Je superpose mon avenir au leur. Leur vie devient plus importante que la mienne, quand bien même je sais qu'il me faut être de cette vie pour m'occuper d'eux. Je fais donc ce que je dois faire pour me maintenir ici-bas et les former, les outiller, les armer face à notre société, leur future société dans laquelle je ne serai plus un jour.

Mon mariage, puisque j'en parle de façon récurrente, est un facteur de ma dépression. Ce mariage que j'ai initié, qui m'a sauvée d'une première dépression causée par la rupture avec mon père, s'est émietté, principalement, à cause de la situation de nos enfants. Pour quelles raisons? La souffrance, l'incompréhension, la torpeur dans laquelle nos deux esprits, à mon ex-conjoint et à moi, sont demeurés… Oui, le choc. Pour moi, il n'était nul doute que l'amour unissait mon couple, que le respect soudait mon couple. Mais, l'annonce du diagnostic de notre premier enfant, nous choqua. Début des premières incompréhensions, surtout de mon côté.

J'appris en mai, lors d'un voyage en France que j'ai effectué en février 2010 avec ma fille, que mon loup était épileptique. Elle était alors âgée de vingt mois. Dans le courant de ce même mois, ce fameux mois de mai 2010, alors que j'apprenais seule la maladie de ma fille, en France, mon ex-conjoint recevait, de son côté, à Montréal, deux nouvelles: la maladie de sa fille et le décès de son frère. Double deuil…

À mon retour à Montréal, fin mai 2010, un grand nombre de rendez-vous médicaux nous attendaient, pour ma fille… Incompréhension car mon ex-conjoint ne répondait pas présent. Et moi, dans le drame de la santé de ma fille, j'oubliais que ce dernier était en deuil… double deuil. Incompréhension de ma part car j'étais trop affectée par toutes les nouvelles qui tombaient sur moi: avec l'épilepsie, paralysie cérébrale, dysphagie, quadriparésie… Incompréhension tout simplement et début de la fissure de notre mariage, de mon mariage.

L'incompréhension est un grand mal dans une relation de couple, surtout dans un couple avec des enfants à besoins particuliers. Cette incompréhension vient le plus souvent de la douleur, des questionnements: pourquoi moi? Pourquoi nous? Pourquoi eux?

Ces questionnements auxquels jamais nous n'aurons de réponses nous dépassent. Dans notre cas, elles nous ont éloignés car chacun de nous vivait cette situation, pourtant commune, cette souffrance, pourtant commune, séparément, dans son coin, dans son cœur, dans son être. Nous oublions que nous sommes deux. Nous oublions que traverser ce cauchemar ensemble est plus bénéfique puisqu'à deux, on est plus forts… Nous oublions et nous nourrissons l'incompréhension, et nous jugeons l'autre, notre allié… Oui, nous jugeons l'autre.

Me concernant, j'ai jugé le père de mes enfants et je me suis encore plus jugée. Je l'ai jugé et je me suis condamnée à la peine capitale. Comment? Le peu d'importance de ma vie à côté de celle de mes enfants, l'obligation de servir mes enfants, de les rendre heureux… Mon bonheur importe peu, ma vie n'est pas importante, un point c'est tout. Telle était, est et sera ma peine capitale.

C'est triste, car au fil de cette confession je me rends réellement compte que je n'ai aucune compassion pour moi, comme le souligne si bien ma psychologue. C'est vraiment quelque chose que j'ai du mal à m'imposer: avoir de la compassion pour moi. J'en ai pour mes enfants, qui quotidiennement doivent lutter contre la maladie, doivent, au-delà de leur quadriparésie, être fonctionnels le plus possible, autonomes le plus possible. J'en ai de plus en plus pour leur père, car, au fil des années, je m'aperçois que, à certains moments, j'ai été trop dure avec lui, que je l'ai accusé trop fortement, que j'ai oublié les facteurs qui ont fait qu'il était absent pendant ces périodes-là, où je l'attendais (2010, 2011): double deuil.

Oui, un deuil se fait durement, péniblement et parfois ne se fait pas, comme je ne fais pas le deuil de la condition de mes enfants, tout comme lui... Oui, ce fameux deuil... Dans le contexte du handicap, comment faire le deuil d'une situation qui n'est plus, n'est pas et ne sera jamais lorsque la figure représentant cette situation est bel et bien là?

Il n'est certes jamais facile de faire le deuil d'un être, mais, son absence étant réelle, son corps étant hors de notre vue, plus simple est l'acceptation même si cela ne demeure pas moins rude.

Je me permets, sans prétention aucune, de dire que le deuil d'un enfant avec un handicap est très difficile car cet enfant vit. Il est là, auprès de nous, tout le temps, au quotidien. Nous voyons, chaque jour passant, chaque mois s'écoulant, chaque année se succédant, les difficultés que cet enfant rencontre, les discriminations que lui comme nous en qualité de parents vivons, l'intolérance que nous subissons, et tout ce que nous, parents, ne pouvons pas faire à cause de sa condition, l'isolement qui s'impose à nous à cause de sa condition, la solitude provoquée par l'impuissance que nous ressentons à cause de cette même condition... Oui, comment faire le deuil d'un enfant qui aurait pu être en santé, qui aurait pu être dans la norme, qui aurait pu faire de nos vies des vies moins marginales? Un enfant qui aurait pu avoir une vie normale avec des amis, une graduation au secondaire, peut-être une graduation à l'université, une relation amoureuse, un travail, etc. Comment faire ce deuil?

Voici bientôt douze ans que je suis dans ce monde hors norme, et je n'ai toujours pas fait le deuil, et je continue toujours de pleurer dans mon cœur, de hurler dans mon for intérieur et de m'inquiéter pour eux, pour leur futur, pour leur avenir, pour leur destinée.

Parfois ce deuil que l'on doit faire pour avancer ne se fait pas et s'accompagne d'un déni; déni de la situation, déni de la condition de l'enfant.

Chez moi, le déni a été furtif, il ne s'est jamais imposé trop longtemps mais, chez le père de mes enfants, oui. Le déni de la condition de notre fille, chez ce papa, papa chéri de nos enfants, de ses loups, a perduré jusqu'aux cinq ans de notre fille, selon moi. Pourquoi? Parce que, durant les cinq premières années de notre bébé, elle n'était pas encore marquée physiquement. Pour ceux qui la voyaient sans lui parler, « tout était normal ». Aussi, je pense que mon ex-conjoint, à cause de cela, espérait que tout se résorbe... Mais, à partir de ses cinq ans, les retards se creusaient et la paralysie cérébrale marquait plus intensément ma fille. La réalité s'imposa à lui, brutalement. Il n'avait plus d'autre choix que de voir cette réalité, horrible réalité.

C'est ce constat qui me fait avoir de plus en plus de compassion pour lui car le véritable choc, chez lui, s'est produit dans ces cinq dernières années et perdure. Maintenant, il utilise les mots «déficience intellectuelle», mais toujours pas «paralysie cérébrale», mais toujours pas «quadriparésie»… Une once de déni demeure car trop dure est la réalité, trop cruel est ce deuil. Oui, ma compassion grandit à son égard car s'ajoute maintenant l'état de notre fils, son héritier comme il aimait le dire… C'est vrai qu'il ne le dit plus ou que très rarement maintenant… Oui, je compatis pour toi, Mon Ange, papa de mes enfants.

Quelles souffrances à travers ce déni, ces deuils non réalisés, que de souffrances à travers eux… Oh mon Dieu, que de souffrances pour une même famille. Sa brisure ne pouvait que se faire…

Ma famille s'est brisée, graduellement, à cause de cette douleur qui nous a envahis, nous, mari et femme, papa et maman. J'ai beaucoup de difficultés à panser les plaies de notre séparation, même si nous nous en sortons relativement bien. Nous essayons d'avoir une bonne entente pour la plénitude des enfants. Pour leur quiétude, nous faisons tout ce qui est en notre pouvoir pour avoir une entente harmonieuse, non conflictuelle… Ce n'est pas toujours facile car chez nous résident encore des colères.

Parce que la Destinée est peu clémente avec moi, je tenais à mettre sur papier mes émotions, à extérioriser la flamme qui me consume, à faire de Ma Feuille ma thérapie. Ici donc je livre tout sur ma vie de maman d'enfants à besoins particuliers. Toutes les questions clés sont abordées, de la maladie à ma vie professionnelle… Tout.

PREMIERE PARTIE

...

LA MALADIE

Avant de fonder une famille, j'avais l'insouciance des heureux jours, l'insouciance de ma jeunesse et l'immense espoir en la Vie. Avant d'avoir des enfants et d'être confrontée à cette dure réalité qu'est la vie, j'étais loin d'imaginer comment la maladie pouvait ruiner une vie, des vies, une famille. Avant d'apprendre que mes enfants souffriraient pendant toute leur existence d'un mal incurable, j'avais les yeux brillants, remplis de projets pour eux, pour nous… Pour nous.

Puis maladie, début de tout ce qui suivra: les yeux brillants de projets s'éteignirent, l'insouciance fit place à l'éternelle inquiétude, l'espoir se mua en détresse, ma joie de vivre s'envola, ne faisant de moi que l'ombre de moi-même.

MALADIE, ce mot en écho résonne dans mes oreilles, ce mot comme un amplificateur fait s'emballer mon cœur. Oui, ce mot auquel on ne songe que rarement s'est installé brutalement dans ma vie, dans la vie de mes enfants, dans nos vies. Ce mot dont on aimerait éliminer l'existence m'a transformée, m'a ôté mon petit côté candide qui me rendait si particulière, a fait de mes enfants des enfants à BESOINS PARTICULIERS.

Me pencher sur le côté médical de mes enfants est très douloureux, car cela suscite de grandes, de gigantesques et vives douleurs en moi. Je constate par ailleurs que cela me prend plus de temps pour rassembler mes idées, pour mettre par écrit les réalités endurées et les épreuves antérieures. Je ne sais si c'est l'effet de protection naturelle qui prend le dessus, mais je dois avouer que ce côté m'a énormément traumatisée. Le traumatisme est tel qu'il m'arrive parfois de confondre les événements ou encore de ne plus très bien les situer chronologiquement. En moi tout se mêle, tout est confus, tout semble comme irréel tant il m'est pénible de retourner en arrière et de voir toutes les causes des MAUX de mes enfants, mes Bébéloups, tous les moments de torture de mes Amours… Oui, tout est flou.

Dans cette atmosphère de brouillard, je vais tenter de parler de trois maladies dont souffrent mes enfants et qui rendent notre quotidien tumultueux: l'épilepsie, la déficience intellectuelle et la paralysie cérébrale.

...

MON CŒUR

...

Pour chaque rendez-vous donné, Boum Boum fait

mon cœur

Pour chaque suivi, neurologie, endocrinologie,

Boum Boum fait mon cœur

Rares sont les instants où, d'assister à un tel

rendez-vous, mon cœur serein est

Rares sont les mois où, pour un suivi, mon cœur

tranquille est

Boum Boum, je l'entends encore qui s'affole lorsque à mon entendement le mot épilepsie parvint... puis réfractaire

Boum Boum, je le sens s'emballer lorsque sous mes yeux la première convulsion fut faite... puis status épilepticus

Status épilepticus, effroi, cauchemar,
puis l'enfer...
Boum Boum...
mais je ne l'entends plus, mon cœur...
Boum Boum, de glace je suis...

Boum... figée je suis

puis B... je le sens, mon cœur, si lourd,

comprimé compressé...

mais de l'entendre incapable je suis

Et enfin le réveil, fin du coma

Boum Boum j'entends à nouveau faire mon cœur

Boum Boum Boum, Heureux mon cœur est

Chapitre I

...

ÉPILEPSIE

Épilepsie, mon premier sujet, épilepsie mon premier fantôme. Épilepsie, ô Épilepsie, ce mot qui, juste parce que je l'écris, fait battre fortement mon cœur, un mot qui par la prononciation me donne la chair de poule… Oui, quelle terrible maladie que l'épilepsie. Lorsque nous ne l'avons jamais côtoyée, il est difficile de nous représenter les ravages qu'elle cause sur ses sujets et leur famille.

De mémoire, je n'avais jamais fréquenté d'épileptiques de ma vie. Certes, cette maladie était parvenue à mes oreilles, mais je n'avais aucunement d'idée sur ses conséquences.

Des épileptiques, je savais qu'ils convulsaient et revenaient à une vie NORMALE, qu'ils étaient fonctionnels et normaux. Oui, normaux, ils le sont, car des êtres humains ils demeurent, mais leur vie s'avère difficilement NORMALE.

Pour les épileptiques qui ont contracté très jeunes la maladie, comme mes enfants, il est difficile d'avoir une vie normale. Difficultés pour eux, mais aussi difficultés pour leurs parents, qui doivent, pour leur bien-être, rester au contrôle de tout…

Pour les enfants de moins de cinq ans, la parole étant absente, les parents se doivent d'être à l'affût de tout: anticiper les réactions pour amortir une chute causée par une convulsion, lorsqu'ils sont près de l'enfant; vérifier après cette chute que celui-ci ne s'est pas blessé, qu'il n'a aucune entorse aux membres; donner les médicaments et être attentifs aux effets secondaires... Les effets secondaires, terribles effets secondaires: agressivité ou au contraire apathie, perte d'appétit... Oui, pour un nourrisson, un bébé, un enfant, ces effets sont une préoccupation réelle pour les parents. Ceci est ma réalité de mère, notre réalité de parents encore aujourd'hui.

Pour ma part, j'ai tenu de façon assidue un agenda pour suivre quotidiennement les traitements et l'évolution de ma fille durant trois ans... Trois ans pendant lesquels l'espoir de guérison, me galvanisant, me faisait noter les moindres observations sur la maladie et ses effets... Puis plus rien. Fin de la tenue de l'agenda, car mêmes effets, mêmes souffrances pour mon bébé et abattement pour moi. C'est comme si cesser de tenir cet agenda empêchait les douleurs de part et d'autre, amoindrissait mon impuissance face à la torture que cette maladie continue d'opérer sur mes deux enfants.

Ici, je voudrais m'attarder sur les conséquences de cette maladie.

Tous étant singuliers, tous combattant les épreuves différemment, il n'est de réalité absolue... C'est du vécu de mes enfants et de notre famille dont, ici, il est question.

Mes enfants ont été touchés par l'épilepsie avant l'âge de deux ans : ma fille était âgée de six mois, selon le retraçage des experts, alors que mon fils avait treize mois.

Ma fille est connue pour faire une épilepsie réfractaire généralisée dans tout le cerveau. Son épilepsie se caractérisait, au départ, uniquement par des myoclonies. A ce jour, elle combine deux formes: les myoclonies et les clonies. Mon fils, lui, était connu pour une épilepsie réfractaire frontale. Au fil du temps, elle s'est muée en épilepsie réfractaire généralisée, sous la forme de tonicoclonies généralisées (la forme la plus connue de l'épilepsie, celle où l'on se secoue et salive). Une maladie neurologique, terrible maladie car, le cerveau étant encore un mystère pour la médecine, la traiter est une tâche ardue pour les professionnels. L'épilepsie, cette maladie, ma hantise, mon cauchemar et ma douleur, a de graves conséquences sur mes enfants.

Ma fille aurait été épileptique depuis ses six premiers mois. Malheureusement, elle n'a été diagnostiquée qu'à l'âge de 21 mois. De mes constats, parce que ma fille n'a pas été traitée très tôt, il y a eu beaucoup de conséquences nuisibles sur son développement. En effet, ma fille, alors qu'elle était prête à marcher à onze mois, ne pouvait le faire totalement. À chaque secousse provoquée par les myoclonies, elle tombait. Aussi elle n'était point en confiance, car elle ne se sentait nullement en sécurité. Pour chaque pas qu'elle faisait, elle devait s'agripper à un objet. Une fois la médication entamée, alors que, selon moi, je croyais voir SA délivrance, c'est dans un état léthargique qu'elle fut plongée. Oui, ces médicaments, qui devaient calmer les convulsions, la plaçaient dans un autre monde: tout endormi, le cerveau endormi – acide valproïque–, les réactions endormies – clonazepam –, mon bébé endormi – topamax–, MON BÉBÉLOUP ENDORMIE– anti-convulsivants. Fin du contact visuel, fin du contact physique, fin des mouvements... Tout endormi. Fin de la complicité, fin des sourires, tout endormi – retard global de développement–... Et larmes pour moi, déchirures et hurlements... Secrets hurlements dans mon cœur de maman. Mon être déchiré par la souffrance de mes bébés, à cause de cette épilepsie, maudite épilepsie. « Oui, toi, Épilepsie que je méprise, que je hais, de mes enfants, des enfants à besoins particuliers tu en as fait. »

Ainsi sont les conséquences de cette maladie lorsqu'elle survient précocement.

Chez mon fils, dès l'instant où l'épilepsie fut confirmée, aussitôt, à treize mois, il entama la médication, mais point de meilleur sort: tout endormi, le cerveau endormi, mon bébé endormi... Jusqu'au jour où un status épilepticus, qui le plaça dans un coma, me fit prendre la décision radicale de tout arrêter chez lui... Fin de l'horreur.

Fin de l'horreur, mais je ne dis point pour autant que ma douleur a été atténuée, que ma hantise a été suspendue, que mes cauchemars ont été éradiqués, car il demeure toujours épileptique. Cependant l'arrêt de cette médication fut salvatrice pour lui. Nous arrêtâmes la médication qui lui causait plus de tort que de bien (acide valproïque et Topamax) en décembre 2016. Par précaution, en cas de convulsions conséquentes, un médicament d'urgence lui fut prescrit: Mogadon. Quel bonheur pour moi que de voir mon enfant interagir de nouveau, redécouvrir le monde de nouveau, SON monde, NOTRE monde, notre communion à nouveau retrouvée, notre complicité à nouveau vécue...

Oui, que de bonheur, un immense bonheur dans mon cœur de maman.

Avec l'arrêt de la médication, il ne fit plus de tonicoclonies, mais toujours sujet aux myoclonies, la présence du mogadon fut judicieuse.

Un an après, cherchant des solutions naturelles pour réduire ses myoclonies, je découvris le régime cétogène. De ce régime dit-on qu'il soignait, dans les temps anciens, les épileptiques. Je fus prise de curiosité. Je me documentais sur ce dernier et rassurée je contactais rapidement la nutritionniste de mes enfants pour lui en parler. Notre entretien? Un vrai ravissement. Quelle joie d'entendre que mon fils se qualifiait pour suivre cette diète!

Le régime cétogène, quel miracle pour mon fils! Ce régime alimentaire excluant tout féculent, toute légumineuse, tout sucre, et favorisant le gras, donc huile, beurre, crèmes de cuisson très grasses, et les légumes, délivra mon fils. Oui, il sauve mon fils de son retard de développement. Et pour cause: en moins de six mois, mon fils pris de moins en moins le médicament d'urgence – Mogadon –; en moins de six mois, une croissance physique se produisit; en moins de six mois, il développa la parole, oui il développa la parole. L'ancrage dans la réalité et non plus dans sa réalité s'imposa. De fait, il devint plus communicatif avec ses pairs. « Oui, toi, Régime cétogène, que d'autres appellent aussi *keto diet*, merci de faire grandir mon fils, merci de lui permettre de jouer avec sa grande sœur et ses pairs. Merci, oui, mille fois merci de sauver mon fils. »

Plus haut, je disais que, parce que je pris la décision d'arrêter la médication chez mon fils, cela fut la fin de l'horreur, mais ma douleur n'était pas pour autant atténuée, ma hantise n'était pas suspendue, mes cauchemars n'étaient pas éradiqués, car mon bébé demeure toujours épileptique. Mais le régime cétogène le rend plus fonctionnel, l'extirpe hors de sa bulle, le place en communion avec nous… Et, le bonheur dans mon cœur de maman.

A côté de l'épilepsie et de ses conséquences, d'autres problématiques s'ajoutent, comme trouver un mode de garde ou conserver son emploi.

L'épilepsie, peu connue, effraie, angoisse. Dans les garderies, elle inquiète, angoisse, effraie. J'ai eu beaucoup de difficultés à trouver une garderie pour mes deux enfants. Pour toutes les personnes ou structures que j'ai contactées, la principale préoccupation était: comment gérer une crise? Comment avec les autres enfants de la garderie s'occuper de votre enfant s'il fait une crise? Comment? Comment? comment??? Pour des parents en activité, professionnellement parlant, quelle tracasserie: comment travailler si aucun mode de garde n'est accessible?

À cause du status épilepticus de mon fils, nous perdîmes, mon ex-conjoint et moi, nos emplois… Oui, nous perdîmes nos emplois car nous n'étions pas disponibles, car nous ne faisions pas de rendement pour l'entreprise… Pas de rendement, donc aucune empathie pour nous, aucune compréhension pour nous. Comment donc avoir une stabilité professionnelle? Mon fils, notre fils, le mardi 3 octobre 2015, tomba dans le coma. Nous fûmes sans emploi respectivement le 10 octobre 2015 pour mon conjoint, et le 15 octobre 2015 pour moi… Difficultés pour les parents, effrayantes difficultés. Telle est notre réalité liée à la condition de nos enfants: instabilité, instabilité neurologique, instabilité dans nos emplois, instabilité émotionnelle… instabilité émotionnelle.

...

NOEUD

...

Un nœud, dans ma gorge si gros, si lourd

m'étourdit

Ce nœud dans ma gorge, à chaque larme me

fragilise

Cet éternel nœud, manifestation de ma détresse,

vulnérable me rend

Je deviens vulnérable car mes yeux se brouillent,

mes oreilles bourdonnent, mon corps devient

lourd...

De lui, je ne sens plus mon corps;

mon âme de mon corps s'enfuit... Le vide

Tout autour le vide, le néant, l'abîme et

y rester je voudrais

Oui, demeurer dans cette obscurité moins

oppressante, souvent si effroyablement apaisante,

j'aimerais

Oublier qui je suis... y rester j'aimerais

Par ce nœud, le souffle me manque... étouffée.

Je suis étouffée par le nœud de ma vie qui sans

cesse dans ma gorge demeure

Je suis asphyxiée par ce nœud, le nœud de ma vie

qui de ma gorge ne veut point partir.

Et je pleure, et je suffoque... inconsolable je

demeure tant ma peine énorme est

Et je pleure, et j'étouffe... affligée je reste tant ma

douleur profonde est.

Seule face à mon nœud, je m'ébranle, je me défais

et n'être plus je voudrais...

n'être plus je voudrais

Triste réalité que de constater, quand ce nœud,

lorsque de son amplitude perd, et conscience me

redonne, que je vis... encore

...

LARMES

...

Une larme, deux larmes… elles ruissellent

Trois larmes, quatre larmes... du plus profond

de mon être, elles fleurissent puis flétrissent

Cette douleur, profonde, si profonde vers moi

les appelle

Le cœur, noué, serré, déchiré, éclaté vers moi

en nombre les rappelle

Cinq larmes, six larmes…

      indénombrables elles deviennent

Ma douleur, profonde, si profonde inconsolable

me rend, la tête me fait tourner

Je perds pied, je m'enterre, je me liquéfie

Puis, trois larmes, deux larmes, une larme,

elles s'épuisent mais

Ma douleur, cette douleur, éternellement,

inlassablement, demeure,

En moi constamment demeure.

Chapitre II

...

DÉFICIENCE
INTELLECTUELLE

Le second point de ce passage est la déficience intellectuelle, une MALADIE indolore, puisqu'elle n'occasionne aucune souffrance physique, mais une maladie qui place mes deux enfants dans un état IRRÉVERSIBLE, dans un état neurologique atypique, neurotypique dit-on, eh oui, dans un état de DÉPENDANCE sociale.

Déficience intellectuelle, quel joli euphémisme pour qualifier des personnes avec un quotient intellectuel inférieur à la normale! Il fut une époque où les mots barbares d'« attardés », de « malades mentaux » étaient utilisés pour les désigner… Trois adjectifs, mélioratifs ou péjoratifs, pour désigner toutes ces personnes qui sont en dessous de la norme intellectuelle, pour désigner mes bébés.

J'ai souvenance, alors que je n'accepte toujours pas ces mots pour mon fils, d'une amie (mère d'un enfant avec des besoins spéciaux) qui me demanda, lors de ma confidence sur le «verdict» de la condition intellectuelle de mon fils: «Pourquoi, Francine, t'attardes-tu sur des mots? Ce ne sont que des mots, ils ne déterminent pas le futur de tes enfants.» Mais est-ce sûr que cela ne détermine pas le futur de mes bébés?

Je voudrais donc, encore une fois, m'*attarder s*ur ces mots ici; cela m'aidera à comprendre pourquoi je leur accorde tant d'importance.

Ma fille a été diagnostiquée déficiente intellectuelle modérée à l'âge de 4 ans: ce ne fut point un choc car mon ex-conjoint et moi avions espoir. Espoir que le temps changerait la donne: notre fille n'était pas condamnée à rester déficiente modérée éternellement!! Mais le temps ne fit point son travail. Par la force des choses, me concernant, je fus contrainte de bouter de mon esprit le déni de cette condition. Je me donnai alors pour mission d'outiller ma princesse le plus possible afin qu'elle soit autonome au maximum de ses capacités.

J'ai donc accepté ces mots de «déficience intellectuelle» pour ma fille. Ces mots qui dessinent sa condition et qui ne lui permettent point de suivre un cursus scolaire normal. Quel déchirement pour deux parents universitaires. Ces mots qui la placent dans une école spécialisée, la marginalisent, la rendent différente: différente de son père, de sa mère, de ses cousins, de nous. Ces mots, qui ne lui permettront pas de se marier ni d'avoir des enfants, se sont imposés à moi, m'ont conditionnée. Oui, jamais de mariage pour elle, jamais d'enfants pour elle. Ces mots…

Dix ans après, alors que j'étais pleine d'espoir pour mon fils, que je voyais suivre un cursus classique, aller dans une école régulière – que dis-je, NORMALE – avec des copains, des projets, un travail, un mariage, des enfants… j'entends à nouveau ces mots, ce verdict de la spécialiste – non, pas « diagnostic » mais, dans mon entendement, bel et bien verdict car, à l'annonce de déficience intellectuelle sur la personne de mon fils, c'est une condamnation qui tombait sur lui. Brisure des rêves, de mes rêves pour mon garçon… Déficience intellectuelle modérée, comme pour sa sœur... Deux nouvelles, deux réactions différentes chez moi: pour ma fille espoir, alors que pour mon fils hécatombe. Je sais que la nouvelle fut rude pour mon ex-conjoint, mais ici je ne parlerai que de moi car je ne peux parler de ses sentiments à sa place. Par contre, je peux décrire mes propres émotions.

Donc, hécatombe à l'annonce de ce verdict. Cela fut tellement dramatique pour moi que je tombai immédiatement en état de choc. Dans une salle chauffée où quelques minutes avant j'avais chaud, le froid m'envahit, mes oreilles se bouchèrent et se mirent à bourdonner, mon corps grelotta et mon âme s'évada de mon corps… Autour de moi, des murmures, des sons… Mes yeux se brouillèrent de larmes… des larmes que je ne sentais pas couler. Combien de temps cela dura, je ne le sais. Je ne sais même pas comment mes jambes me portèrent à la voiture, mais, de retour à la maison, je me couchai et dormis, je dormis si profondément qu'aucune pensée ne vint à moi, qu'aucun rêve ne se présenta à moi; je dormis. Oui, ces mots, pour mon fils, je ne les accepte pas et si je m'y attarde, c'est parce que ces mots placent mon fils dans une condition qui m'est insupportable, une condition d'assisté alors que je le voyais assister sa sœur, je le voyais suivre MON cursus classique alors qu'il devra intégrer une voie spécialisée.

Oui, je m'attarde sur ces mots car cet enfant, mon fils, devait être normal... devait être normal. Ô ciel! Ces mots me brisent, mais brisent-ils pour autant mes enfants? C'est la question à laquelle je tente de répondre ici, au fil de cette rédaction.

Concrètement, mes enfants n'observent aucune différence entre eux et les autres enfants. Ils ne se sentent nullement différents car je les traite sans différence. Il est hors de question que mes enfants dans mes yeux perçoivent leur différence! D'ailleurs pour moi ils sont NORMAUX!! Ainsi, ils jouent en présence des autres enfants et quand bien même certains, plus craintifs, refusent de jouer avec eux, ils continuent de jouer. Ils ne se soucient pas de savoir pourquoi ils sont mis à l'écart: pour eux, tout va bien, tout est NORMAL.

Mes enfants sont punis, réprimandés, au même titre que n'importe quel autre enfant, je les éduque SANS différence. Ce sont des enfants heureux, irradiants de bonheur et très actifs, hyperactifs comme leurs deux parents. La différence est donc cultivée à travers les différentes difficultés que je rencontre pour les faire garder, pour leur faire faire des activités. C'est cela qui me fait difficilement accepter ce méchant, terrible verdict.

Il est pénible de revivre ce que j'ai vécu neuf ans auparavant: la discrimination; les regards, mauvais regards; la marginalisation et l'éternelle inquiétude de ne pas savoir qui s'occupera d'eux après ma disparition. Toutefois, ces mots n'ôtent pas à mes enfants leur magnifique personnalité. Je dirais même qu'ils les rendent merveilleux car mes bébés sont vrais, sans artifices, sans malice et sans aucune prétention, bien que ces mots les rendent vulnérables face aux autres. Ces mots, sur lesquels je ne devrais pas m'attarder, provoquent tant d'émoi en moi, remuent tout mon être et dans ma tête placent des inquiétudes en si grand nombre qu'il m'est difficile de ne pas leur accorder de l'importance, de les banaliser.

Quelles que soient les réflexions, les discussions, ces mots bouleversent nos quatre vies et placent mes enfants dans l'assistanat… Jusqu'à quand? Définitivement?

Temporairement? Tels sont mes questionnements, qui me font osciller entre l'espoir et l'abattement.

...

ESPOIR

...

Ô Espoir, où es-tu?

C'est en vain que je te cherche, qu'avec force je

t'appelle

Espoir, où te caches-tu?

C'est en vain que je te recherche, qu'avec hargne je

t'interpelle...

Quoi, ma voix, à toi, inaudible serait?

Mon Espoir, ô Espoir de mon enfance, Espoir de

mon adolescence, Espoir de ma première

parentalité...

à moi désormais tu te refuses

De toi, désormais, je n'ai plus de refuge

Ô mon Espoir, j'ai encore souvenance des jours

heureux où toi et moi ensemble valsions

J'ai encore souvenance des mois ensoleillés, où toi

et moi, complices, aux éclats riions

J'ai encore souvenance des années magiques où toi

et moi ,ensemble vivions... vivions

Vivre,

c'est de ça mon Espoir qu'aujourd'hui je ne puis

Aujourd'hui mon Espoir je survis,

lamentablement, je m'accroche à la vie

Cette vie qui, Espoir, à moi te refuse

Qui de toi, mon seul refuge, m'éloigne et

 ma voix inaudible à toi rend

Chapitre III

. . .

PARALYSIE CÉRÉBRALE

Le dernier sujet du thème de la maladie aborde la question de la paralysie cérébrale. Là encore un état incurable qui touche ma fille, mon petit ange, ma Sade.

La paralysie cérébrale, maladie complexe et impressionnante: jamais je n'aurais pu connaître certaines facettes de cette maladie si le destin ne me l'avait pas imposée. Comment aurais-je pu savoir que cette étrange maladie, provoquée par un problème de développement du cerveau et qui atteint les membres et la posture, pouvait se manifester sous plusieurs formes? Eh bien, moi, avant d'avoir un enfant paralytique cérébral, je ne le savais pas! Pour moi, une personne paralytique ne pouvait pas du tout se mouvoir et avait une faiblesse intellectuelle profonde, pour ne pas dire une déficience intellectuelle profonde. Pour moi, avant de côtoyer cette maladie au quotidien, un paralytique cérébral n'ayant aucune déficience n'était pas ainsi né, mais l'était devenu à la suite d'un accident.

Pour moi, avant d'être maman d'une paralytique cérébrale,un paralytique cérébral avait de la difficulté à exprimer ses émotions, ses sentiments. J'étais vraiment dans l'ignorance. Parfois, il m'arrive de me dire que si je suis parent d'enfants à besoins spéciaux, c'est pour m'éduquer sur ces sujets dont je n'avais aucune connaissance et qui ne m'intéressaient pas du tout, pour enlever mes préjugés, enfin bref, pour m'ouvrir les yeux sur un monde qui m'était complètement étranger et sur lequel, jamais, je ne me posais de questions.

Ma fille, selon moi, est devenue paralytique cérébrale. Toutefois, la neurologue affirme qu'elle serait née avec ce trouble. Comment? Elle n'a eu aucun accident. L'accouchement s'est bien passé. Il n'y a eu aucun manque d'oxygène. En bref, rien qui puisse expliquer cette atteinte au cerveau. Cela serait apparu, selon la neurologue, durant la formation du cerveau dans l'utérus, au moment de son développement… Nous n'avons, encore aujourd'hui, aucune réponse, et ce, malgré le suivi en génétique. D'une enfant née en parfaite santé, qui, selon les infirmières, l'obstétricien et la pédiatre, n'avait aucun problème, donc pas de signe de paralysie, ni de quadriparésie, nous passâmes à une enfant paralytique cérébrale, quadriparésique spastique agrémentée d'encéphalopathie.

À l'annonce de ce diagnostic, ma première réaction fut «mais elle bouge, se déplace d'un point A à un point B avec appui»... J'étais bien ignorante! J'appris donc au fil des jours, des mois et des ans qu'une paralysie cérébrale revêt plusieurs formes. Ma fille souffre de paralysie cérébrale partielle car elle peut bouger et, comme elle a des problèmes de coordination et parfois des mouvements incontrôlés de ses membres, elle souffre aussi de quadriparésie spastique.

À cette époque, la physiothérapeute de l'hôpital Sainte-Justine, à Montréal, afin que je puisse avoir une idée de ce qu'est la paralysie cérébrale de ma fille, m'avait dit que, chaque fois que ma fille faisait un pas, c'est comme si elle portait sur chacun de ses membres supérieurs et inférieurs cinq kilos qui bien évidemment s'accroissent avec l'âge. Wahou, cinq kilos multipliés par quatre, ce qui fait vingt kilos pour un bébé de douze mois. À ces propos mes larmes coulèrent, car je réalisai soudainement que tout était, est et serait un défi au quotidien pour mon bébéloup. Mais, malgré ces vingt kilos, ma fille, ma petite fille se bat, continue de se battre et est même hyperactive (rire).

Avoir un enfant souffrant de paralysie cérébrale au quotidien est une aventure remplie de surprises et d'émotions. Les émotions, qui, souvent chez moi, envers ma fille, allient la compassion, la tristesse, la rage et l'amour, se manifestent lorsque je vois que ma fille de onze ans a de grandes difficultés à mettre une couverture sur elle. Oui, ce geste si simple que nous faisons pour nous couvrir lorsque nous avons froid ou tout bonnement lorsque nous nous couchons, elle ne parvient pas à le faire. Je dois le faire à sa place et le refaire plusieurs fois au cours d'une même nuit, lorsqu'elle m'appelle parce que la couverture s'est enlevée. Oui, ces émotions m'envahissent lorsque je vois ma fille de onze ans ne pas parvenir à mettre seule ses chaussures, à se brosser les dents, à se mettre de la crème corporelle, à se laver, à s'essuyer, à s'habiller, à se nettoyer après être allée à la toilette, à se peigner… Eh oui, tous ces gestes si SIMPLES que nous réalisons au quotidien sont de véritables défis pour ma princesse. Et je peux, avec vigueur, vous assurer que ce n'est pas la volonté qui lui manque, car elle est pleine de bonne volonté et de ressources. La preuve: c'est sa volonté, sa résilience qui m'ont permis de vivre d'agréables surprises, d'improbables surprises, des surprises de taille. Ces surprises apparaissent lorsque votre enfant va au-delà des diagnostics. Dans mon cas, la surprise fut de taille lorsque ma fille acquit la marche, une marche complètement autonome. Du quatre pattes, de ses six mois jusqu'à ses trois ans, elle passa à la marchette de ses trois ans à ses quatre ans, pour enfin marcher complètement seule à quatre ans. Ma surprise fut agréable lorsqu'elle devint propre à cinq ans... Et de l'improbable, j'en vis la concrétisation.

Chaque jour, je vais de surprise en surprise, et de ces surprises je deviens encore plus admirative de mon bébé.

La paralysie cérébrale est donc une maladie qui affecte beaucoup de sphères chez la personne atteinte. Elle s'associe à d'autres maladies comme l'épilepsie et la quadriparésie. Ma fille a les trois. Plus elle grandit, plus elle se raidit et se déforme au niveau des mains, plus précisément des phalanges, et des pieds. Cela est impressionnant car, avec la croissance, son handicap physique, à peine perceptible lorsqu'elle était petite, devient de plus en plus flagrant. La paralysie cérébrale l'a complètement « habillée » de son manteau de faiblesse motrice.

Cette paralysie cérébrale lui cause des difficultés pour se lever lorsqu'elle est assise par terre. Ce que nous faisons en quelques secondes peut lui prendre le double, voire le triple du temps, et cela est conditionnel à son état neurologique, car, si son épilepsie est mal contrôlée, la tâche devient encore plus rude.

Ma petite paralytique maigrit, commence à avoir une forme squelettique; est-ce la maladie ou est-ce la médication de l'épilepsie? Je ne le sais, mais, ce qui est sûr, mon bébé physiquement est bien touchée.

Paradoxalement, cette paralysie cérébrale la rend souple, très souple: elle fait des choses avec ses jambes qui m'impressionnent. Cette même paralysie l'aide vraiment dans ses chutes lorsqu'elle convulse ou tombe à cause d'un déséquilibre. Jamais aucune blessure grave ou alarmante, alors que ces chutes restent impressionnantes.

La paralysie cérébrale reste un mystère, car ses causes et ses manifestations ne sont pas encore bien connues. Mais ce que je sais de cette maladie, c'est que, chez chaque patient, elle se manifeste différemment comme si elle s'adaptait, se moulait à leur volonté.

Alors non! Le sujet médical ne me plaît pas! Le sujet médical m'affaiblit, me fragilise car il me rappelle toujours la souffrance de mes enfants, les épisodes rudes qu'ils ont endurés pour leur jeune âge, et surtout l'état dans lequel la maladie les a plongés…

Le côté médical, c'est me mettre en pleine face que mes enfants sont plongés dans une condition qui les marginalise et qui m'inquiète, m'effraie. Le côté médical, quelles que soient les années, me fait toujours pleurer, m'émeut toujours. Oui, ce fichu côté médical me compresse, me détruit!

Je n'aime pas parler de ce sujet qui dévoile toute mon impuissance, qui me fait comprendre que je ne contrôle absolument rien et que je ne suis rien face à lui, que c'est lui qui, selon son bon vouloir, régente la vie de mes enfants, régente la vie du papa de mes enfants, régente ma vie, RÉGENTE NOS VIES À TOUS.

Je hais ce côté médical qui pointe l'état de santé instable de mes enfants, qui pointe toutes les problématiques de mes enfants, qui au travers des différents diagnostics condamne mes enfants, amoindrit mes enfants. Et puis oui, je DÉTESTE parler de ce sujet qui honnêtement n'aurait pas manqué à ma vie s'il n'avait pas été présent.

...

PARALYSIE CÉRÉBRALE

...

Paralysie

Avant à ce mot aucune importance je n'accordais

Pourquoi? De loin, à des milliers de kilomètres, à des

lustres, concernée j'étais

Cérébrale... jamais de question je ne me posais

Pourquoi? Pour moi normal, fonctionnel, tout

était

Surprise je fus, lorsque de ce mal l'annonce me fut

faite : PARALYSIE CÉRÉBRALE

Deux mots, qui en mes entrailles résonnèrent à

l'unisson

Un ÉTAT dans lequel mon bébé, mon enfant, ma

fille, le fruit de mes entrailles

éternellement plongea

Sans espoir de guérison possible...

Un état, une condition, un HANDICAP...

Oui, je crie ma colère, mon impuissance face à ce

mot auquel

Avant aucune importance je n'accordais car de

loin, à des milliers de kilomètres, à des lustres,

concernée j'étais.

La condition médicale de mes enfants ne cesse de me faire me questionner sur tout: sur la cause de leur état, sur leur futur, oui sur tout. Il est par ailleurs intéressant de constater que le questionnement semble être partie intégrante de l'être humain. Dès l'instant où nous pouvons formuler des questions, nous avons sans cesse des questionnements. Il est encore plus drôle d'observer que ces questionnements, selon les âges et les sexes, sont semblables d'une femme à l'autre, sont similaires d'un homme à l'autre, et demeurent pareils d'un enfant à l'autre.

En tant que femme et maman, mes premières interrogations concernent l'avenir de mes enfants.

Avant l'apparition de leur condition, je me questionnais sur le fait qu'ils aient un foyer dans lequel ils pourraient s'épanouir, qu'ils soient heureux et qu'ils deviennent socialement actifs et indépendants… Je ne parlerai pas pour les hommes, mais, si je me réfère à mon ex-conjoint, c'est le côté financier et carriériste qui prime… J'en déduis qu'un grand nombre d'hommes et de papas doivent penser ainsi.

Les questionnements, lors des situations mettant à l'épreuve nos émotions, sont nombreux. Ils peuvent avoir parfois un rôle rassurant, encourageant, stimulant ou, au contraire, apeurant, décourageant ou encore amoindrissant. Depuis que je suis adolescente, les questionnements, en moi, déboulent, alimentant mon mal-être, mais aussi déguisant mon mal-être. Bien que je sois devenue adulte, ils demeurent les mêmes, mais ils se manifestent sous une autre forme, nourrissant alors mes doutes. Cependant, ils ne sont point continuels.

Une fois que je suis devenue maman, ces questionnements restent toujours présents, mais changent car la préoccupation est les enfants.

Moi, devenue maman, je me pose moins de questions sur mon avenir, sur comment satisfaire mon moi, mais plus sur comment répondre aux besoins de mes enfants.

En moi, maman d'enfants à besoins particuliers, abondent des questionnements, de nombreux questionnements, d'innombrables questionnements, mais, étrangement, sans cesse, je me pose toujours les mêmes questions. Ces questionnements révèlent mes peurs, soulignent mes angoisses, exhibent ma souffrance et dévoilent mon impuissance. Ces questionnements, qui paraissent effrayants à mes yeux, me placent dans l'obscurité trop souvent.

De mes observations, lorsque je suis inactive, ces questionnements qui en moi sont enfouis surviennent avec hâte à mon esprit, perturbent ma vie, bouleversent mon cœur, oui tout bouleversent. Pourtant, bien que mon être soit mis à mal par ces questionnements, je fais des plans, je fais des projections pour préserver l'avenir de mes enfants, garantir leur avenir. Quant à ma vie… Ma vie? Étrangement aucune question sur elle je ne me pose. Aucune question sur ma vie future je ne me pose, comme si ma vie était fusionnée à celle de mes enfants, comme si préserver et garantir la vie de mes enfants préservait et garantissait la mienne.

La méditation passant, semble-t-il que mon bonheur dépende du bonheur de mes enfants, mon avenir se calque sur l'avenir de mes enfants et mes aspirations se projettent sur les aspirations de mes enfants que j'ai élaborées.

Dans mes questionnements, ma vie est indissociable de celle de mes enfants. Voilà pourquoi l'APRÈS-moi, ma disparition, provoque beaucoup de douleur, de souffrance et d'inquiétude en moi.

Il apparaît que pour moi, parent d'enfants à besoins particuliers, dissocier ma vie de la leur reste une tâche difficile. Car, à cause de leur si petite autonomie, je dois toujours m'occuper d'eux, je veux vivre constamment auprès d'eux... Aussi les questionnements me placent face à la réalité des choses, me conseillent de couper le cordon ombilical, me font comprendre que je dois leur laisser leur espace et que, bien que mon cœur soit lourd et que mes yeux pleurent, je dois m'efforcer d'accomplir tout cela.

...

TOUT S'EN VA

...

Comme le ruisseau dans la plaine paisible, tout s'en va, tranquillement et sûrement... sûrement?

Comme ce ruisseau dans cette plaine si paisible, je m'en vais, mon âme s'en va, ma vie s'en va, tranquillement et sûrement... assurément
Car, chaque jour passant, je me perds, je me défais, je me vide... s'en va ma vie

Ô ma vie, qui dans le ruisseau de ma plaine

tourbillonne, s'immerge mais ne se noie nullement et,

Incertaine, assurément, à la surfac remonte

Elle remonte, s'agrippe mais, pourtant, s'en aller

elle voudrait

Quoi? Un espoir? de l'espoir? L'Espoir?

Pour cette vie, ma vie qui, comme ce ruisseau dans

la plaine paisible où tout s'en va, s'en aller voudrait.

Chapitre IV

■ ■ ■

L'IMPUISSANCE

FACE AU HANDICAP

La condition de mes chérubins m'ayant absorbée, me faisant valser entre les questionnements et l'impuissance, me faisant m'oublier pour répondre à leurs besoins, je ne parviens guère à prendre conscience de tout ce que j'accomplis au quotidien. Je minimise mes tâches à cause de ma culpabilité, qui impose à mon entendement une normalité à mes agissements. Ce faisant, je perds toute objectivité sur ma charge de travail, sur ma résilience.

Aussi, lorsqu'on me demande de déterminer mes forces, surtout face aux évènements qui ne cessent de m'éprouver, je suis surprise, moi qui suis d'ordinaire intarissable verbalement, de constater que les mots me manquent.

Il est étrange de constater qu'à une question précise qui nous est posée, nous avons beaucoup de difficultés à y répondre. On s'interroge alors sur la connaissance de notre soi, de notre nous.

Décrire les autres, mettre en avant leurs forces et leurs faiblesses, de part ma carrière d'enseignante est chose aisée, mais me décrire…

De moi, le mot qui des dires de mon entourage, sans cesse, s'impose, est ma résilience… Oui, résiliente je serais.

On dit de moi que je suis résiliente car, malgré la condition de mes enfants, je n'abandonne jamais le combat. On dit de moi que je suis résiliente car, malgré tous les drames qui sur moi, tels un ouragan, se sont amassés, jamais je n'ai renoncé… Si être résiliente, c'est cela, alors assurément je le suis.

Cependant, pour moi, dans les émois de la condition de mes enfants, cela est naturel de m'occuper d'eux. Dans la souffrance physique que je ressens en m'occupant d'eux au quotidien, naturel cela est que de prendre soin d'eux, car de leur conception, moi seule en suis responsable. Naître, jamais ils ne me l'ont demandé. Enfants à besoins particuliers, jamais ce choix, ils ne l'ont fait. Parce que j'ai planifié leur conception, je ne pourrai jamais les placer dans des institutions. Alors ma résilience à mes yeux se cache, car aujourd'hui ce qui à mes yeux apparaît, c'est Le Devoir et le dévouement qu'envers mes enfants je dois manifester.

De moi, dit-on que je suis joviale. Qu'on s'attendrait à ce que dans de telles situations, mon entrain, comme les oiseaux, devrait se cacher pour mourir… Mais si mon humeur si bonne venait à disparaître, que me resterait-il pour encourager mes enfants? Si mon humeur si rassurante venait à se ternir, comment rendre joyeux mes enfants? Joyeux, c'est ainsi que les spécialistes qualifient mes enfants. Des enfants heureux, heureux de vivre, de vivre leur vie qui aux yeux des autres me fait résiliente, qui aux yeux des autres devrait me rendre malheureuse.

La dépression visible, je me l'interdis; et pourtant je suis suivie pour dépression... Ma dépression en hyperactivité se manifeste, me fait perdre l'appétit... mais, dans les difficultés, je dois avoir constamment le sourire, cela je me l'impose. Pleurer? Oui, je pleure, souvent en silence, parfois à torrents de larmes. Mais, après cette tempête, le sourire se doit d'apparaître, à nouveau, sur mon visage, car je me refuse de défaillir... Résiliente? Finalement, je le suis, mais c'est après réflexion que je constate cela.

La dépression qui me ronge ne devrait s'atténuer qu'après l'acceptation, l'acceptation de la condition de mes enfants, car non, je n'accepte RIEN, je n'accepte pas leur *état*, je n'accepte pas l'échec de mon mariage, je n'accepte pas ma carrière brisée... Mais je dois vivre avec et, pour ne pas penser, je dois agir, je dois être active et je dois SOURIRE. Force est donc de constater que trois qualités m'habitent:

la résilience, la jovialité et le dynamisme. Ces forces qui se dévoilent à mes yeux, dans cette confession, entretiennent mon être, nourrissent mes bébés, mes Bébéloups.

De nature, je suis affectueuse; je suis sensible, hypersensible. Je n'ai point de difficulté à exprimer aux autres mes sentiments. Pourtant, dans ces circonstances particulières, il est plus difficile pour moi de trouver les mots. Ces mots sont remplacés très vite par des larmes. Ma grande amie ainsi que mon ex-conjoint, pour se moquer de moi, n'ont de cesse de me dire, dans mes moments d'extrême gratitude: «Tu ne vas pas verser tes larmes encore.» (rires)

Comme je l'ai déjà mentionné, je pleure beaucoup, mais le plus souvent en silence et parfois à torrents de larmes. Pourtant, il m'est difficile de dévoiler aux autres mes émotions les plus intenses. Pourquoi? Parce que je refuse de me rendre vulnérable auprès d'eux. Cependant, lorsque je dois manifester ma gratitude, je ne parviens pas à contrôler mes émotions et ma parole alors prisonnière, reste entravée dans ma gorge, laissant place à ces larmes, mes larmes, éternelles larmes qui malgré moi révèlent mes failles.

Il est pénible pour moi d'afficher ma fragilité aux autres, alors j'use de stratégies: la dédramatisation par l'humour, le sarcasme, l'isolement et le sourire.

L'humour, puisqu'ici j'en parle, je voudrais m'y arrêter. Dans cette confession, je dois vous avouer qu'après le sourire, l'humour est ma seconde arme pour dissimuler ma situation aux autres. Lorsqu'un événement malheureux se présente à moi, aussitôt je veux le braver par l'humour.

J'ai souvenance, lorsqu'avec la neurologue de mes enfants nous parlions de leur état, d'avoir dit: «Mes enfants, au lieu de se démarquer en ayant les yeux bleus, c'est l'épilepsie qu'ils ont choisie pour faire cela.» Cette phrase, qui provoqua chez la neurologue des éclats de rire, couvrait mon inquiétude, enfouissait mon désespoir et MASQUAIT ma détresse. L'humour, mon arme. L'humour, mon artillerie lourde. L'humour, mon armure, au même titre que mon sourire, mon cher sourire masque à tous mes sentiments, masque mes émotions, masque ma vie, nos vies.

...

MASQUE

...

Le cœur noué, la détresse absorbante, le découragement palpant, toutes ces émotions de moi s'emparent... Et face à cela le masque porter je dois

Ce masque, moins vulnérable me rend, ce masque, plus assurée l'air me donne, oui l'air me donne. Mais, dans la profondeur de mon entité, hurler je voudrais, tout briser l'envie j'ai et toujours la contenance

Cette contenance habillée par ce masque qui des autres me protège, des événements, terrifiants événements me protège, ma personne détruit, à petit feu mon être tue.

Oui, une seule fois de ce masque me défaire j'aimerais, mais ancré en moi, indissociable de moi, la capacité me faisant défaut, m'en défaire je ne puis...

Pourtant mon âme saigne, les larmes m'absorbent...
à l'aide, à l'aide crier je voudrais
 Mais muette je suis, les mots fugitifs en moi
demeurent
Quoi faire? Je ne le sais. Vers qui me tourner? Je ne le sais.

Puis... le contrôle, semblant de contrôle, sur mes

émotions s'étend, laissant

   encore le masque, renforçant ce masque qui

   auprès des autres ma réalité dissimule, ma vie

dissimule, mes sentiments enterre, mon vrai moi

   consume... oui, consume mon vrai moi

Mon moi consumé,
Ce masque seul existe, laissant paraître un être
infaillible, une femme heureuse, une mère
comblée.

...

SOURIRE

...

Sourire... ce mot, bonheur signifie

Sourire... ce verbe, joie manifeste

Sourire... cette action, allégresse témoigne

MAIS souvent, trop souvent nous oublions que

Ce mot, tristesse cache, angoisse dissimule,

détresse voile, malheur annonce

D'un sourire affiché, les âmes torturées déguisent

leur projet :

Morbide projet, funeste dessein...

Sourire... ce mot, communication signifie

Sourire... ce verbe, socialisation manifeste

Sourire... cette action, complicité témoigne

Mais souvent, très souvent, nous omettons que

Ce mot, silence exprime, solitude révèle, isolement

démontre

Par ce sourire feint, les âmes meurtries, vers

Anubis s'en aller le projet font :

Morbide projet, funeste dessein...

DEUXIEME PARTIE

. . .

LES RELATIONS

Ici, je veux dire ma gratitude à lui, à elles, à mes Bébéloups, pour leur soutien, un soutien gracieux, sans jugement aucun, sans mépris aucun, sans hypocrisie. Un soutien qui, lorsque vers l'abîme mes émotions voguent, parvient à me ramener chaleureusement près d'eux, un soutien qui, lorsque les événements voudraient m'absorber, parvient à me sauver.

Dans ces moments de grande détresse où je deviens muette, où je suis amoindrie et où je voudrais rendre ma vie, lui, elles, mes Bébéloups me tirent vers la vie, me ramènent vers la vie, m'imposent la vie, oui m'imposent MA vie.

Vous le savez, nul doute, que, pour chaque moment grave, des personnes salvatrices doivent de se présenter à nous… mais pas n'importe quelle personne, car ce n'est pas tous, dans notre vie, qui savent nous raisonner, peuvent nous écouter, parviennent à nous rassurer. Il existe même très peu de personnes qui jouent ce rôle efficacement. Par chance, je suis entourée de telles personnes.

Alors, oui, ici je veux marquer ma gratitude à lui, à elles, à mes Bébéloups, car trop souvent du côté obscur je veux sombrer, car trop souvent, de l'autre côté je songe m'en aller… Je songe, mais, grâce à eux, cela ne demeure que de simples songes.

La gratitude que j'ai pour mes Bébéloups est la manifestation d'un amour extrême pour eux, un amour protecteur pour eux, car cet amour mutuel me sauve, me console et nous fortifie.

Oui, l'Amour, puisqu'on en parle, un beau mot, un grand mot, tellement grand qu'il provoque en nous des sensations indescriptibles, tellement épique qu'il nous submerge d'espoir ou de détresse, un mot tellement effrayant qu'il peut nous pousser vers la mort.

Parce que l'amour que nous recevons nous forge, faisant de nous des personnes confiantes, fortes et assurées ou, au contraire, des personnes craintives, faibles et hésitantes, il est important de transmettre à nos enfants, à notre fratrie, à nos amis, un bel amour, un amour SAIN.

Pour certains, ce mot reste synonyme d'espoir, tandis que, pour d'autres, il incarne la perte de l'âme. Dans mon cas, l'amour est espoir, car c'est l'amour qui me sauva d'Anubis. C'est l'amour qui me permet de vaincre la condition de mes enfants, pour leur offrir le bonheur.

L'amour, cet amour qui différentes tenues revêt, me SAUVE, me maintient dans cette vie: amour fraternel, amour amical, amour conjugal, amour maternel. Tous ces amours dans mon être prennent vie, me font vivre, font de la vie, ma vie. Et lorsque ma vie à mes yeux devient pénible, ces amours, en une seule entité, réussissent à me l'embellir, parviennent à me l'adoucir, me la rendent burlesque.

L'Amour… L'amour, un beau mot pour ce monde qui trop souvent est cruel. Un mot attendrissant pour ce monde qui trop souvent est impitoyable. Un noble mot pour ce monde qui demeure trop intolérant. Et pourtant, dans ce monde où tant de drames se vivent, l'amour parvient à nous procurer du bonheur, nous faisant, temporairement, furtivement, oublier nos malheurs. Car, dans ce monde, si point nous n'aimons ou point ne sommes aimés, nous devenons pitoyables, abandonnés, seuls, aigris. Nous n'avons plus de force pour nous accrocher à la vie. Nous n'avons plus de courage pour combattre nos hantises, et nous n'avons plus d'espoir en rien. Il est indéniable que l'amour durant notre vie nous nourrit, nous construit et nous fortifie.

Oui, l'amour reste un beau mot, un grand mot et, par sa grandeur, il nous permet de nous agripper à la vie, de nous donner de l'espoir, de nous rendre heureux.

Ce bel amour chez des personnes qui ont un déficit de la parole se manifeste intensément: par des gestes, les sourires, les étreintes... le regard.

L'amour chez ma fille, qui commence à acquérir la parole, se matérialise par les étreintes mais surtout par son regard, son doux regard innocent, inoffensif et sans jugement. Elle m'inonde d'amour, elle inonde d'amour son père, mais elle en inonde davantage son frère, son petit frère, son « crère à elle ».

Enceinte de mon dernier, j'appréhendais ces rapports fraternels entre ma fille avec tous ses besoins spéciaux et mon fils. Ma préoccupation était que mon fils soit indifférent à sa sœur, qu'il refuse de jouer avec elle et que, plus tard, il ne la protège pas. Ma crainte était que mon fils ait HONTE de sa sœur et qu'il la malmène. Quel apaisement pour moi de voir qu'entre ces deux êtres, entre ces deux frère et sœur, entre mes Bébéloups, un amour sans faille s'est installé et grandit, s'ancre chaque jour, chaque mois, chaque année, faisant de ma fille la protectrice de son « crère à elle » et de mon fils l'ombre de sa sœur.

Oui, au-delà de toutes mes attentes, mes Bébéloups sont inséparables, jouent ensemble, rient ensemble… rient ensemble, le meilleur mode de communication pour mes bébés déficitaires en parole.

Chapitre I

■ ■ ■

RELATIONS

ENTRE MES BÉBÉS;

ENTRE EUX ET MOI

Mes bébés s'aiment, s'adorent, au point que, lorsque mon fils pleure, ma fille devient pâle et cherche avec ses petits moyens à le calmer, à le rassurer; au point que, lorsque mon fils est grondé par nous, ses parents, c'est dans les bras de sa sœur qu'il va chercher le réconfort, qu'il va se consoler; au point que, lorsque je dispute mon fils, ma fille, en véritable grande sœur, en protectrice de son petit « crère » me lance un regard revolver et, lorsqu'elle juge ma faute trop grave, me tape… Oui, une véritable grande sœur, au-delà de son handicap, qui par amour pour son frère brave sa tendre maman, brave son papa chéri, nous brave.

Mon fils, lui, encore jeune, démontre son amour à sa «Tadé» en n'étant jamais trop loin d'elle. Je dis de lui qu'il est la queue de sa sœur. Il n'est pas une pièce où sa sœur va sans qu'il ne s'y trouve. Assurément, bel amour, belle harmonie d'amour pour des enfants à besoins particuliers, pour mes enfants à besoins particuliers, pour mes Bébéloups.

Aujourd'hui, même si on ne peut prétendre savoir ce que sera demain, je suis rassurée de la complicité de mes enfants, je suis confiante qu'unis ils demeureront, car j'entretiendrai cela sans que cela ne leur nuise, ne les étouffe ou ne leur vole leur espace. Un amour sain, c'est cela que je veux continuer à maintenir entre eux.

La relation avec mes enfants est une chose extraordinaire, jonchée de bonheur de part et d'autre, mais de beaucoup de doutes, de souffrance et de tristesse pour moi. Oui, l'amour qu'il y a entre mes enfants et moi est magnifique, j'ai la chance d'avoir des enfants qui peuvent me dire à profusion «JE T'AIME» malgré leur parole embryonnaire. Mes enfants me chantent aux oreilles qu'ils m'aiment. Quel honneur pour moi! Quelle jubilation pour moi, quand on sait de ma fille qu'elle ne devait pas parler.

Nous sommes très complices, avec mes enfants, malgré leurs problématiques. J'ai mentionné un peu plus haut que la relation avec mes enfants, de mon côté, est *jonchée de bonheur mais aussi de beaucoup de **doutes, de souffrance et de tristesse**.* Pourquoi? La relation que j'entretiens avec mes enfants m'apporte des doutes, car j'ai toujours peur pour leur futur et, pour tenter d'enrayer cette frayeur, je m'impose de leur apporter selon mes capacités toutes les armes possibles. Mais, j'avoue parfois me demander si je fais bien, s'ils sauront les utiliser, si je suis une bonne mère qui n'exagère pas trop.

Ces doutes ne sont pas constants, mais ils affluent périodiquement à moi lorsque mes petits sont dans un état neurologique peu favorable, catastrophique, à travers lequel je les vois régresser ou perdre pendant une courte période leurs aptitudes.

Cela concerne principalement ma fille, qui, lorsqu'elle est neurologiquement perturbée, perd certains acquis. Elle peut, par exemple, avoir de la difficulté ou ne plus savoir comment mettre sa ceinture de sécurité, ne plus savoir comment mettre son manteau ou enlever ses bottes, ou encore, alors qu'elle est propre, faire pipi au lit. Lorsque nous sommes dans cette situation, je suis moi-même perturbée et il m'arrive même de me fâcher parce qu'elle ne réussit pas à faire ce qu'elle parvient sans difficulté à exécuter habituellement. Je crois profondément que cette colère, que j'ai, est due à mon impuissance, au fait que tous les efforts qu'elle a accomplis précédemment soient d'un seul coup réduits à néant. Oui, je me fâche car elle perd de son autonomie; cette autonomie qui m'est si chère et qui lui permettra de ne DÉPENDRE DE PERSONNE. C'est alors, dans ces moments-là, que le doute me submerge, puis engendre en moi de la culpabilité.

La culpabilité? Oui, je ressens de la culpabilité, cette éternelle culpabilité, parce que j'ai été dure avec ma fille, parce que je me suis fâchée, parce que j'ai été impatiente, parce que je l'ai stressée. Oui, c'est pour tout cela que je doute, à ce moment-là, de ce que j'apporte à ma fille, ma princesse, ma prunelle.

Concernant la tristesse, elle se manifeste chez moi chaque fois qu'ils vont mal, que leur épilepsie les fragilise, leur ôte leurs capacités, leur sourire. Oui, chaque fois que je les regarde, je suis triste de les voir souffrir et de ne pas pouvoir les soulager, leur enlever la douleur; de là toute ma souffrance.

Comme je n'ai eu de cesse de le répéter, mes enfants sont hypersensibles. Ils perçoivent toutes les émotions, surtout ma petite princesse. Ma fille ressent tout; même si on veut dissimuler les choses, elle les ressent profondément. Toute son attitude change. Elle devient très calme et très colleuse et cherche à sa manière à rassurer. Cela est très touchant. Lorsque dans mes moments de détresse intense je ne parviens pas à me retenir et que je pleure en sa présence, elle se colle à moi et essaie de ses jolis gestes imprécis et fragiles d'essuyer mes larmes. Elle me caresse et ne cesse de dire: «maman». Lorsqu'il s'agit de son frère, son empathie est amplifiée. Elle tente du mieux qu'elle peut, avec ses gestes maladroits, de le calmer, de le consoler et de le rassurer. Il est amusant de voir comment elle se démène pour essuyer les larmes de son petit *crère,* lequel dans ses sanglots cherche le regard de sa sœur.

Mes enfants sont très affectueux et apprécient le contact. Je ne manque guère de câlins, disons que j'en suis submergée. Mais malgré cela je souffre. Je souffre car leur avenir m'effraie. Je souffre parce que je ne sais pas ce qu'il adviendra d'eux après mon départ. Je souffre parce que je ne serai plus là pour les protéger, pour les rassurer, pour les câliner, tout simplement pour m'occuper d'eux et leur donner de l'amour. Ô quelle douleur qui fend mon cœur de maman et me fait couler des larmes, des larmes d'impuissance! Il m'arrive alors de souhaiter qu'ils partent avant moi ou au mieux en même temps que moi: fini les angoisses alors pour eux. Car me dire qu'ils pourraient être sujets à de la maltraitance me terrifie, me fige même. Ma souffrance vient de ce qu'âgée je ne puisse plus m'occuper d'eux… Oui, voilà toute ma souffrance, voilà toute ma hantise qui alimente d'ailleurs ma dépression.

L'amour chez les personnes à besoins particuliers est aussi particulier qu'elles, car il demeure subtil, émouvant et intense. Un amour qui, selon les déficiences, s'adapte à la condition du donneur, s'adapte au fonctionnement de la maisonnée, s'adapte à tout. Il m'a fallu être dans cette situation pour comprendre que l'amour se mue en fonction du climat qui l'environne, qu'il n'y a point un unique modèle d'amour dans ses manifestations… Il m'a fallu mes Bébéloups pour comprendre cela: «Merci à vous mes chérubins.»

...

BÉBÉLOUPS

...

Quelle que soit la condition d'un enfant, des petits

surnoms affectueusement nous lui donnons

Loulou, Djimon mon intrépide joyeux,

à ravir ce nom te va... LOU

Douxdoux, Sade ma princesse tendresse,

si bien ce nom te sied... DOUX

Ces mots, câlin, ces mots, bisou, vous rassurer le font

Quand le chagrin de vous s'empare, Douxdoux,
Loulou, mes Bébéloups, ces mots vous calmer y
parviennent

Ces mots, des sucres, mes mots pansements, pour
vous réconfort, pour moi **Amour**
Oui, Amour, car pour vous intarissable mon amour
demeure, grandissant mon amour est
Et, malgré votre parole muette, votre parole discrète,
ces mots, affectueusement, en communion nous
mettent
Dans la complicité nous plongent, faisant de nous
des ondes de communication

Douxdoux, Sade, Loulou, Djimon,

Djimon Douxdoux, Sade Loulou, confusion de

surnoms, mais affection bien discernée, amour bien

distinct

Pour mon trop plein d'amour, ces surnoms comme

des étoiles à moi se présentent

Pour mon cœur gonflé de tendresse, ces surnoms à

moi, allègrement, affluent

Et plus angéliques vous rendent, votre différence

éliminent, faisant de vous des enfants, mes enfants...

normaux dit-on

Mais qu'est-ce ici que la norme quand l'adoration

pour ses enfants, mes enfants, se manifeste, se vit, se

RESSENT

Douxdoux, Sade ma princesse tendresse,

si bien ce nom te sied... DOUX

Loulou, Djimon intrépide et joyeux,

à ravir ce nom te va... LOU

Des enfants vous restez, mes enfants

sempiternellement vous demeurez

Car avec l'Amour jamais n'apparaît de différence;

la Différence, par l'Amour à tout jamais est

BANNIE.

...

PRINCESSE

...

De grands yeux émerveillés cette fleur regardent

Tes grands yeux impressionnés cette fleur

contemplent

Toi ma prunelle, ma princesse qui, malgré tes

faiblesses,

face à la nature, grâce et reconnaissance tu rends

Chaque être de cette terre, toi seule sais les rendre

exceptionnels

par ton ébahissement, par ton exaltation

et par tes explosions de joie

Tes explosions de joie si franches telle un ange te

rendent, mon ange alors tu deviens

Et lorsque de tristesse je suis habitée,

telle mon ange à moi tu viens...

De tes frêles et dystoniques bras, m'embrasser

tu viens, m'enlacer tu viens, me consoler tu

viens

Cette fleur, moi fleur, devenue si fragile par les

circonstances de cette vie, de notre vie,

devenue ENCORE plus vulnérable par l'inquiétude

de vos vies, te contemple, toi ma **paralytique**, toi

mon **épileptique**, toi ma **dysphagique**; t'admire...

Oui, ma lumière, j'admire ta combativité face à ta vie

qui trop souvent t'ôter à moi le projet faisait, te ravir

à moi le complot faisait

J'admire la force avec laquelle face à tes difficultés

perpétuellement tu luttes

Une lutte acharnée... mais toujours avec le sourire,

mais toujours avec des éclats de rire...

tes éclats si francs de rire.

Moi fleur qui devant tes merveilleux yeux regardée

suis

Moi fleur qui devant tes tendres yeux contemplée

suis

Petite je deviens face à cette magnifique leçon de vie,

qui à chaque instant par ton bonheur m'irradie,

m'illumine et me transporte.

Parce que la question de l'amour est le socle de la famille et qu'il nous permet de supporter des situations et de soutenir ceux que nous aimons, je souhaiterais revenir sur la genèse de ma maternité et les sentiments qui peu à peu, comme des spectres, ont commencé à me hanter.

La naissance de mes enfants provoqua en moi un bonheur immense. Si je dois revisualiser l'évolution de chacune de mes grossesses, je puis les qualifier de magnifiques.

Mes grossesses, oui, étaient agréables. J'étais active et épanouie. J'étais étincelante. De mes souvenirs, tous me disaient que je portais à merveille mes grossesses, qu'elles me rendaient radieuse, rayonnante, belle et même désirable. Je me souviens même m'être fait aborder par la gente masculine alors que j'étais enceinte. L'inquiétude, le questionnement, les doutes étaient hors de mes pensées… bannis.

Si je me réfère au suivi de ma première gestation, celle de ma fille, selon l'obstétricien tout était NORMAL, BEAU, PARFAIT.

À l'occasion de mon échographie 3D, un « magnifique» est sorti de la bouche de ce dernier: magnifique grossesse pour un magnifique bébé.

Alors, ne ressentant aucune fatigue, tant j'étais heureuse de porter cette grossesse, je devenais plus active. Jusqu'à ce que mon corps me dise «stop» et qu'au septième mois, je doive rester alitée car décollement de mon utérus. L'inquiétude s'empara de moi, le questionnement envahit ma tête, le doute me rongea. Mais mon obstétricien a pu me rassurer; par des mots réconfortants il a pu éloigner toutes ces émotions: «Ne vous inquiétez pas, tout se déroule bien. Cependant vous devez être hospitalisée durant deux semaines.» Ce que je fis. Assidûment je le fis, et le 3 juin 2008 ma princesse naquit… Là encore tout était NORMAL, BEAU, PARFAIT.

Les infirmières disaient d'elle que de la pouponnière elle demeurait la plus petite, mais qu' elle était la plus expressive, que par sa voix criante elle serait chanteuse: Céline Dion fut son surnom, surnom donné par ma tendre amie, mon âme sœur. C'est galvanisés par un bébé en santé, normal, sans handicap, que de l'hôpital avec mon bébé, son père et moi sortîmes; avec des plans sur sa future vie plein la tête, nos têtes de parents soudés, amoureux…

Il est incroyable de voir que l'instinct d'une mère demeure puissant. Dans le suivi de sa croissance, chez la pédiatre des questions, nombreuses questions je posais. Je ne puis déterminer le moment exact où j'observai des problématiques, mais de ces observations, l'inquiétude de moi s'empara, le questionnement envahit ma tête, le doute me rongea… Des mouvements de sursaut ma fille faisait, la faisant tomber. J'en parlai à sa pédiatre, qui jugea bon de me dire que chaque nouvelle maman se pose trop de questions. N'ayant pas pris le temps d'écouter mes inquiétudes, de vérifier mes inquiétudes par des examens plus poussés, elle me dit, sourire aux lèvres, que mon bébé était hypertonique et que cela se résorberait à ses douze mois.

C'est ici que ma culpabilité s'accroît, que ma colère commence et que mon impuissance débute car je ne suis pas allée consulter plusieurs médecins. Effectivement, je ne fis qu'une seule démarche en allant voir un autre spécialiste, à qui spontanément je répétai les paroles de ma pédiatre, paroles qu'il confirma... Ma culpabilité s'intensifie ici, car, selon moi, je n'aurais rien dû lui dire des propos de ma pédiatre, ainsi il aurait fait des investigations...

Vingt et un mois plus tard, entre le 3 mai et le 6 juin 2010, j'appris avec horreur que ma fille était épileptique depuis supposément l'âge de 6 mois. Ces mouvements de sursaut qu'elle faisait et dont j'avais parlé à la pédiatre, qui, vous souvenez-vous, ne me prit point au sérieux, dans le jargon médical étaient des myoclonies, une forme de l'épilepsie que je ne connaissais pas. J'appris également que ma fille était paralytique cérébrale. Colère contre la pédiatre, mais surtout contre moi, car je n'ai pas consulté beaucoup de spécialistes. Colère contre moi car je n'ai su prendre soin de mon enfant. Colère contre moi car je n'ai su protéger mon bébé!! Alors, hantée par la vision de toutes les myoclonies qu'elle faisait – 20 en moins d'une minute, oui, 20 en moins d'une minute alors qu'habituellement, à ce stade on doit se rendre à l'hôpital –, je me suis condamnée. Impuissance quand le neurologue m'annonça que ma fille ne marcherait jamais, ne parlerait jamais… «Comment? Mais, docteur, ma fille dit "papa", ma fille dit "maman"… Dès treize mois, ma fille a commencé à compter jusqu'à quatre. Ma fille, ma princesse fait des pas avec appuis…» Mais comment? Mais comment? OUI, COMMENT? Je n'étais point préparée à cela. J'étais seule à l'annonce de ce lourd diagnostic car mon ex-conjoint n'était pas présent, et colère contre lui je commençai, inconsciemment, à nourrir… Malgré la chute émotionnelle, malgré le cœur lourd, le sourire se présenta sur mon visage. Je pris mon bébé et contre mon cœur la serrai. Le soir, seule, dans ma bulle, des larmes torrentielles affluèrent: je fus inconsolable. Mon ex-conjoint fut impuissant face à ma détresse… Oui, lorsque nous n'avons point été préparés à de tels diagnostics, lorsque depuis le début on ne cesse de nous dire que tout est NORMAL, BEAU, PARFAIT, l'acceptation est difficile, le deuil est difficile, et le déni, en nous, prend place.

Ce déni, longtemps en mon ex-conjoint fut. Carapace naturelle de protection mais aussi de destruction de notre vie de couple, de famille… Ce déni!

En moi, pas de déni, mais refus d'accepter; alors j'entrepris tout pour que ma fille soit capable de marcher, soit capable de parler. Je ne la lâchais pas une minute. Des exercices d'ergothérapie aux étirements de physiothérapie, de la marche aux chutes. Oui, les chutes car, ma fille, n'ayant guère de réflexes de protection, il me fallait donc travailler ces réflexes qui pour nous sont si naturels, mais qui, pour mon bébé, un parcours du combattant demeurent. Alors je la faisais grimper sur une butte, dans les parcs, et, ensemble, je nous faisais tomber, lui apprenant à rouler sa tête et se servir de ses bras. Cela était très amusant pour elle; je l'entends encore rire aux éclats. Elle portait, au quotidien, un casque avec visière jusqu'à ses cinq ans, évitant ainsi, lors des chutes, de blesser son visage ou de cogner sa nuque. Elle porte encore des orthèses à ce jour, pour renforcer ses jambes et amoindrir la déformation de ses pieds, ses pieds que tendrement je qualifie de pieds de canard, mon petit canard à moi qui un cygne a toujours été. Parce que je n'acceptais pas, je refusais les poussettes adaptées, je refusais les supports de communication. Et enfin, à quatre ans, la marche, la vraie marche, la marche autonome et le paradis pour moi, pour son père, pour nous. Je vis la fierté dans ses yeux à elle, la joie immense dans ses éclats de rire: elle nous manifesta son bonheur, ainsi. Parce que je n'acceptais pas, à l'annonce que ma fille ne serait jamais propre –car ses sphincters, selon les spécialistes, ne seraient jamais forts–, des pieds et des mains je fis pour la rendre propre, et à six ans complètement propre elle fut: fini les couches pour elle, adieu les couches pour elle et victoire pour moi, pour ELLE, ma condamnée. Victoire sur sa marche, victoire sur sa propreté, et même victoire sur sa parole, frêle parole, car ma fille s'exprime. Elle manifeste verbalement ses frustrations, ses envies: «veux pas, pas envie, non, fâchée», ma récompense, même si le combat demeure toujours présent. Cette acceptation, que je refuse toujours pour elle, me donne de l'énergie, me permet de briser des barrières, mais des souffrances, des douleurs, des colères, de l'impuissance animent mon être.

Ma deuxième gestation, celle de Djimon, eut un schéma différent. En effet, la planification de cette naissance fut élaborée non pas par le désir d'avoir un enfant, mais par le besoin d'assurer la relève aux soins de Sade.

Après cinq ans de refus de faire un autre enfant, de peur que se répète le schéma de la première grossesse où tout allait bien pour qu'au final un handicap soit annoncé, je décidai et persuadai mon ex-conjoint, après consultation et encouragement du généticien de Sade, de concevoir un autre enfant. Convaincue par le «Vous avez 99,99% de chance d'avoir un enfant normal», nous nous lançâmes en janvier 2013 dans cette quête de l'enfant salvateur. Mais cela ne fut pas si simple, puisque ce ne fut qu'en décembre 2013 que je parvins à tomber enceinte. Quelle joie pour moi et quel stress pour mon ex-conjoint! Cette grossesse occasionna des conflits entre nous, ce qui pour autant n'affecta point mon enthousiasme quant à cette nouvelle aventure où l'espoir d'une parentalité normale s'offrait à nous. C'est ici que ma culpabilité devient étouffante. Ma culpabilité naît du fait que je n'ai pas conçu Djimon pour lui, pour le désir de l'avoir et de le choyer, mais pour qu'il s'occupe de sa sœur. Voici ma culpabilité qui me fait dire en mon for intérieur que la suite, qui rapidement arriva, est une punition divine, une punition tout simplement.

La première déception est née du peu de suivi de ma grossesse. Alors que les spécialistes qui suivaient ma fille nous avaient assurés que ma grossesse serait suivie par leur institution, je ne fus suivie par aucun, sous prétexte que seules les grossesses à risque étaient prioritaires. Quoi? Avec mes antécédents, avec l'état de ma fille, je n'étais point prioritaire? Pour cette grossesse que j'avais planifiée, le sourire, mon éternel sourire je gardais bien qu'animée par l'incompréhension, la tristesse, puis la colère.

Finalement, au terme de sept mois de grossesse, je fus vue deux fois par un obstétricien.

J'ai souvenance du cinquième mois, au cours duquel la première échographie devait se faire. Quelque jours avant, probablement habités par l'inquiétude et le stress, mon ex-conjoint et moi, nous nous sommes disputés. Dans la colère, le jour J, je partis seule à ce rendez-vous, soutenue néanmoins au téléphone par ma tendre et fidèle âme sœur, ma Chris, qui ne cessait de me rassurer. Le cœur battant, la paume moite, allongée sur le lit, écoutant le cœur de mon bébé battre, je n'osais regarder l'écran. Jusqu'à ce que l'obstétricien me dise: «Tous ses membres sont présents; au niveau cervical, la formation semble normale...» J'étais soulagée, mais seulement à demi car, forte de ma première expérience, je ne pouvais me libérer totalement. Puis, au sixième mois, contractions rapprochées: toutes les trois minutes, puis toutes les deux minutes. Je fus envoyée d'urgence à l'hôpital de la Cité- de-la- Santé de Laval, qui est équipé pour les grands prématurés. Sur le trajet, l'on m'injecta dans les fesses, par une piqûre, de la corticoïde pour préparer les poumons de mon enfant qui venait trop prématurément. Lorsque l'on me fit cette piqûre, des prières, toutes les prières du plus profond de mon âme, je fis. Dans cette prière, en communion avec mon FILS je voulais être et lui faire comprendre que, pour son bien, il devait attendre: «Pas maintenant, Djimon, pas maintenant!» Puis miracle, arrivée à l'hôpital, fin des contractions et ouverture du col seulement à deux centimètres. Mon fils a su m'écouter et je pus être rassurée. Au septième mois, Djimon naquit le mardi 19 août 2014... et là, une fois encore, NORMAL, BEAU, PARFAIT tout était. Chez Djimon, tout était encore parfait, et je le voyais parfait. Une croissance normale, un périmètre crânien normal, pas de microcéphalie. Un bébé compréhensif, oui compréhensif car, prise par les besoins de sa sœur, mon attention sur lui ne pouvait être entière. Djimon pleurait peu, dormait bien, compensant ainsi mes nuits blanches liées aux problèmes de sommeil de sa sœur. Oui, ce bébé comprenait sa sœur et les réalités de ses parents: point demandant il n'était. Mais, un mois après sa première année, début de mon cauchemar, de notre cauchemar, cauchemar de la famille entière. Alors que j'étais à la cuisine, préparant le repas du soir, mon fils, qui jouait tout près de moi, tomba soudainement: un bruit sourd, puis le silence et le corps de mon petit garçon sans mouvement, léger comme une feuille, qui gisait au sol. Quoi? Que se passe-t-il? Je ne sais combien de temps il resta inconscient, mais cela me sembla l'éternité. C'est dans l'ambulance qu'il se réveilla, et doucement commença à faire des mouvements. Je compris que l'épilepsie avait fait de lui sa victime. Cependant, une fois à l'hôpital de Maisonneuve, à Montréal, alors que j'avais des doutes sur la présence d'épilepsie chez mon fils, un diagnostic affirmant que tout était «*correct*» nous fut annoncé. J'insistai pour qu'une consultation en neurologie dans le même hôpital que sa sœur soit faite. Quelques semaines plus tard, un électroencéphalogramme fut fait, à l'hôpital sainte Justine, et il se révéla être négatif… Mais l'instinct de la mère toujours gigantesque restant, je ne fus point convaincue. Tout cela eut lieu en septembre 2015. Octobre 2015, deuxième crise avec, cette fois-ci, secousses, et une crise dépassant les dix minutes. C'est, une fois de plus, dans l'ambulance qu'il reprit connaissance. Alors, convaincue que mon fils était devenu épileptique, mon cœur se mua en pierre… Lourd, très lourd dans ma poitrine il devint. Second électroencéphalogramme et confirmation de mes soupçons. Muette, les oreilles bourdonnantes, des larmes… encore des larmes sur mes joues traçaient des sillons. Incompréhension et colère, puis culpabilité. Culpabilité parce que j'aurais pu éviter cela en ne concevant point mon fils. Aussitôt l'annonce du diagnostic faite, les souffrances, sempiternelles souffrances que mon Loulou devrait supporter, en moi apparurent... et des larmes, ces mêmes larmes, mais ma voix restait inaudible, pas un gémissement... Le neurologue était compatissant mais ne pouvait me rassurer... Puis le sourire, ce sourire, nerveux, je pense, sur mes lèvres apparu, m'aidant à prendre le dessus pour nous permettre de rentrer chez nous. Je pris mon fils et, comme un rituel, le serrai sur mon cœur. Seule encore j'étais face à cette nouvelle, terrible nouvelle, mais je devais afficher de la contenance après cette crise de larmes, incontrôlable crise de larmes, inconsciente crise de larmes, impuissante crise de larmes. Ma culpabilité ici s'accentue, me transformant en juge, sévère juge de ma personne, me rendant impitoyable envers moi-même et m'interdisant le droit à l'erreur. Cet enfant, je devais en être l'esclave pour expier les raisons de sa conception, qui, je le rappelle, étaient qu'il prenne la relève future sur les soins de sa sœur, pour qu'il veille sur sa sœur, et non pas parce que je le désirais pour tout simplement l'aimer.

Ici, je ne me souviens plus des détails, la psychologue appelle cela «état de choc post-traumatique», mais je me souviens des grandes lignes.

À partir d'octobre 2015, mon fils fut donc sous médication pour contrôler son épilepsie tonico clonique affectant le lobe frontal du cerveau... Mais plus il était médicamenté et plus il faisait de crises. Les conséquences de cela? Ralentissement de son développement, manque d'interactions avec les autres. Un fantôme, mon fils était un fantôme. Puis octobre 2016, le jeudi 6 octobre 2016, en fin de journée, 18 ou 19 heures, l'effroi: STATUS EPILEPTICUS, le coma. Réanimation en vain dans l'ambulance... réanimation aux urgences. Je voulais assister à tout, je voulais rester près de mon fils durant toute l'intervention: je vis tout, de l'injection de l'anticonvulsivant à l'intubation... Tout, tout je vis. Mais tout cela reste flou. Oui, flou comme si ma mémoire voulait effacer cette horreur, mais que moi, m'y accrochant, je m'opposais à elle.

Le réveil, premières questions au médecin et décision sans appel chez moi: je décidai, avec le soutien de mon ex-époux, d'arrêter totalement la médication. Quant à mes questions, suite à ce coma, le néant (aucune réponse positive n'en était sortie). Sur son état futur, sa condition future, de réponses on ne pouvait me donner.

En décembre 2018, le lundi 17 décembre 2018, j'eu, enfin ou malheureusement, les réponses à mes interrogations: quatre ans mais 18 à 24 mois d'âge mental dans toutes les sphères développementales. Ma culpabilité exacerbée, ma culpabilité décuplée, ma culpabilité mon tombeau et l'impuissance, mon impuissance de toujours, l'alliée de ma déroute, l'alliée de ma souffrance. Là encore je n'étais pas préparée à avoir un autre enfant à besoins spéciaux, nous n'y étions nullement préparés… Brisure définitive de mon couple, de notre couple, de ma famille, de notre famille. Oui, les conséquences de telles situations sont lourdes: soit elles soudent une famille, soit elles la disloquent.

Il n'est point dit que, parce qu'on sait durant une grossesse qu'on aura un enfant avec un handicap, que la tâche sera moins pénible, mais on a alors le temps de se préparer, on peut aller chercher les ressources et tout simplement se préparer à l'acceptation ou ne pas faire de déni. Mais, dans les cas comme le mien, comme le nôtre, cela est un choc, et l'acceptation est plus difficile et le déni plus grand.

...

DJIMON

...

Deuxième et dernier de mes enfants tu es,

que de joie ta naissance en moi provoqua,

toi, l'espoir d'une parentalité retrouvée, d'un

lendemain lumineux, pour toi, moi, lui, ELLE,

MAIS...

Je maudis ce mois, octobre 2016, ce jour, 17

décembre 2018, où, à cette lumière, l'obscurité se

substitua, le néant surgit, la rage s'imposa et la DOULEUR s'installa.

Inconsolable, insécure, imbécile, meurtrie, molestée, mutilée par ce mois, octobre 2016, ce jour, 17 décembre 2018, moi mère, ta mère à toi, à ELLE, je fus...

le néant, rien que le néant

Ô bel enfant qui naquit le mardi 19 août 2014,
à 19 heures et des poussières, en poussière
ta mère se mue,
poussière ta maman devient, dans la poussière
ta mère s'enlise...
Quoi LUI AUSSI, TOI AUSSI, TOI ENCORE

NON! Y croire je ne puis, y songer, mon être en souffre,

le réaliser, consentir, je m'y refuse...

Djimon, de ce mois, octobre 2016,

de ce jour, 17 décembre 2018, tu te délivreras,

libéreras, délieras car cela, moi, ta mère, pour toi,

pour ELLE le réaliser, consentir, je me l'impose.

...

IMPUISSANTE MATERNITÉ

...

Tous n'ont de cesse de dire que maternité
merveilleuse chose RESTE

Tous n'ont de cesse de clamer que les enfants
merveilles du monde DEMEURENT

Mais NUL ne prévient que de la naissance d'un être
fragile, sur sa condition future, de garanties avoir tu
ne peux

Car semble-t-il que pour tous, naissance, santé
inclut, santé implique, santé exige...

Que de cette maternité tant désirée, tant attendue,
tant imprégnée, des regrets nourrir tu peux

Car de cet être fragile, face à sa condition, son
handicap, toi, moi, mère, impuissante tu es,
impuissantes nous sommes, impuissants ils sont
IMPUISSANTE tout simplement

Alors la culpabilité de la mère, de toi mère, de MOI
mère, s'empare telle une avalanche

Car de la condition éternelle, de la souffrance

physique endurée par ce petit être chéri,

Y remédier tu ne peux, soulager tu ne peux...

Seule consolation, l'amour que tu lui voues mais qui

face à ses douleurs

 insuffisant se révèle être

IMPUISSANTE à jamais tu demeures

...

LE PARDON

...

Pardon, à toi, à elle, vous demander je
souhaiterais

Pardon pour ce que de vous j'ai fait

Tous s'entendent pour me dire que fautive je ne
suis

Tous de concert, me regardant yeux dans les

yeux,me disent que responsable je ne suis

Tous, tous, tous… mais moi

Oui MOI, de cesse je n'ai de me dire

que fautive je suis

Oui, pour moi, chaque heure, jour, mois,

année passant,

mes yeux dans vos yeux, responsable je suis

Fautive, responsable de votre condition, de votre

vie je suis car

Tout dans la genèse de ma vie, votre état

annonçait

Responsable, fautive de votre état je suis car

Tout dans mon histoire votre condition révélait

Oh! Pardon, à toi, à elle, je me dois de vous

demander

Mais en ai-je le droit? Votre pardon, le mériter

puis-je?

Par ma faute, une vie normale, la vie normale,

jamais

Accessible ne vous sera

Et le jour ou vers le Repos éternel je voguerai, alors

que votre état dans l'assistanat vous plongera, seuls

vous laisser je devrai.

Alors comment puis-je votre pardon réclamer?

Car par ma faute, une vie normale, la vie

normale, jamais

Accessible ne vous sera

...

SOLITUDE

...

La solitude, ivresse et alliée des êtres meurtris,

dans l'abîme leur âme plonge

Ma solitude, dans l'ivresse de la mélancolie, voudrait

de la dépression

Mon alliée faire

Mais mon âme meurtrie, de cette solitude se défaire,

le dessein en fait

Oui, le dessein en fait... mais vaines luttes

La solitude de mon être meurtri dans l'abysse

ma chair plonge

Ma solitude, continuelle solitude, dans l'affable

tristesse

voudrait de la mort mon Hospice faire

Mais mon âme mutilée, de ma solitude s'échapper,

le vœu en fait

Oui, le vœu en fait... mais tristes chimères

Ma solitude qui, chaque instant passant, ma personne éteint, ma vie dissout, cendres me fait
Me plonge pathétiquement, lentement dans la dépression, puis vers la mort

Oui, la mort, mon Hospice, unique gîte de mon âme meurtrie

Comment parler de ma relation avec mes enfants sans parler de celle avec les autres?

Ici, je souhaiterais traiter de la question de l'intimité des parents d'enfants à besoins spéciaux dans une première partie, puis, au travers d'un second axe, je m'arrêterai sur le sujet de la relation avec notre entourage: amis et famille.

Chapitre II

. . .

L'INTIMITÉ DES PARENTS D'ENFANTS À BESOINS SPÉCIAUX

Lorsqu'on est parents d'enfants à besoins particuliers, il est très difficile d'avoir une vie intime. L'intimité comme on pourrait l'imaginer, celle qui réunit les deux êtres qui s'aiment, est le plus souvent brimée, mise de côté et, trop souvent même, laissée à l'abandon. Oui, il est malheureux de constater que l'état de nos enfants avec des besoins particuliers ébranle le couple au point que ce couple se perd dans sa relation, que les deux êtres formant ce couple se fondent dans leur relation. Je ne peux que trop en parler, car mon couple est l'exemple même de cette perte causée par l'état de nos enfants. Alors que, depuis la naissance de ma fille, nous étions hors norme concernant les statistiques, à l'arrivée de mon fils nous y sommes rentrés: 95% des couples avec un enfant en situation de handicap se séparent dans les deux premières années de vie de cet enfant... Quatre-vingt-quinze pourcent! Malgré nous, nous sommes rentrés dans ces malheureuses statistiques. Nous y sommes rentrés et je me suis effondrée. Véritable cauchemar. Tel fut mon cauchemar, tel fut mon désespoir lorsque la situation, notre situation mit un terme à notre intimité, puis à notre couple et enfin à notre mariage. Que de tristesse, que de détresse face à cette réalité, à cet échec…

Je ne saurais très précisément énoncer les débuts de l'éloignement, mais ce dont je me rappelle, c'est que, en onze ans, nous n'avons jamais été en mesure de dormir continuellement une seule nuit. Nous avons eu avec difficultés des moments intimes, car quotidiennement, entre minuit et deux heures du matin, jusqu'à quatre heures du matin parfois, nous étions tenus en éveil par notre fille, ensuite, une fois la venue au monde de notre fils, par ce dernier et parfois par les deux simultanément.

Oui, nos enfants, avec leurs problèmes neurologiques, ont de graves difficultés de sommeil. Il n'y a pas eu un jour depuis la naissance de nos enfants où nous avons pu profiter l'un de l'autre en toute quiétude et en profondeur.

L'intimité, dans une famille avec des enfants à besoins particuliers, devient secondaire, parfois même devient le cadet des soucis de la mère. Pourquoi? Tout simplement parce que l'inquiétude de l'état des enfants devient prépondérante. Parce que l'avenir de ces enfants est au centre de nos pensées, que leur état actuel devient notre pensée numéro un. Parce que la fatigue, au fil du temps, grandit, s'intensifie, nous submerge, nous dépossédant de toute envie physique, de toute envie d'intimité, consumant lentement et graduellement la relation, notre relation tant désirée et chérie. Comment répondre à un besoin physique lorsque notre esprit est contrarié? L'homme peut le faire, mais la femme, très rarement. La plupart du temps, une femme contrariée n'a point de besoins physiques, alors imaginez lorsque cette contrariété se rapporte à son enfant...

Chez moi, l'état de ma fille, ma première expérience parentale, m'a ôté toute envie sexuelle... Le peu de fois où cela se faisait, je voulais vite en finir de peur d'être interrompue par mon enfant. D'autres fois, la fatigue était telle que les moments intimes étaient perçus comme une corvée. L'intimité, une corvée!! Mon Dieu! Nous sommes bel et bien dans un autre monde, une autre réalité, terrible réalité. Comment une personne qui aime sa moitié peut-elle percevoir la plus belle chose qui les unit comme une corvée?

De ce sentiment naît la culpabilité, puis l'incompréhension; incompréhension nourrie par la perte de communication. Car oui, au fil du temps, la communication se rompt et l'incompréhension grandit chez chacune des deux parties. J'ai perdu la communication avec mon ex-conjoint, j'ai désappris à communiquer avec mon ex-conjoint. Pourquoi? La souffrance, la fatigue et l'isolement. Oui, nous sommes isolés à cause de la situation de nos enfants à besoins particuliers: nous ne pouvons plus sortir comme nous le désirons, car nous ne pouvons pas les faire garder par n'importe qui. Il nous est difficile d'aller à des mariages, ou à des anniversaires et encore moins à l'église car, pour des enfants avec une déficience intellectuelle modérée, la gestion est sans cesse de mise. Il faut gérer continuellement le comportement de notre enfant, qui en public est toujours en opposition. Nous avons donc à faire face aux frustrations, aux comportements inappropriés, aux colères, à l'impatience dus à l'environnement qui lui est inconnu, dans lequel il ne se sent point à l'aise ou qui suscite sa vive curiosité. Nous nous isolons donc pour sa sécurité et après pour notre tranquillité et furtif repos, car moins de gestion…

Finie l'intimité pour ce couple qui s'aimait tant, qui s'aime dans la douleur, finie l'intimité pour ce couple qui tant d'espoir avait pour sa progéniture.

Je me rends compte aujourd'hui que la fatigue extrême causée par les problèmes de sommeil de nos enfants a tout brisé, car une personne fatiguée n'est guère apte à raisonner, à réfléchir, est plus sujette aux émotions, et devient plus sensible et vulnérable. Ce manque de sommeil que j'ai enduré et continue de supporter me rend très sensible, à fleur de peau, décuplant ma susceptibilité. La fatigue me fait perdre patience, me fait perdre toute rationalité, me fait me perdre car, il faut le dire, dans cet état on devient autre… Je ne suis donc plus moi. Je ne me reconnais plus et mon ex-conjoint non plus. Cela est visible aussi chez le partenaire, car cette situation transforme le couple. Aucun de nous ne demeure le même, transformés par cette triste réalité, nous le sommes, tous les deux.

Oui, malheureusement, le couple face à cette réalité a la fâcheuse tendance à s'effacer, à se minimiser pour s'adonner à cet enfant dont l'état demande, de jour comme de nuit, une constante attention.

L'intimité, nous en rêvons cependant, mais pour ma part elle se manifestait dans la communion communicative, dans la complicité, et non pas dans l'aspect physique. Oui, je rêvais d'une grande intimité fondée sur le verbe, les confidences… Les confidences, simples confidences que nous perdons, car notre cœur en souffrance a peur d'inquiéter l'autre, d'ennuyer l'autre, et on met un masque: le masque de la quiétude alors qu'à l'intérieur tout est tempête; le masque de la gaité alors qu'à l'intérieur tout est désespoir; le masque de la sérénité alors qu'à l'intérieur tout est détresse. Ce masque, le couple désuni le porte et chacun laisse paraître à l'autre que tout va bien… Tout va bien.

Ce masque, je l'ai porté, et malgré la séparation je continue de le porter. Il semble que ce masque soit incrusté en moi, fusionné à moi, indissociable de moi et de mon ex-conjoint. Toujours faire croire que tout va bien, pour les enfants, pour notre moral et pour notre intimité.

L'intimité, lorsqu'on est parent séparé et qu'on songe à une autre relation, continue de nous inquiéter, car comment vivre pleinement une relation avec une personne qui est étrangère à la situation, à notre situation, qui est étrangère à notre enfant? Comment vivra-t-elle tous les inconvénients engendrés par la condition de notre enfant? Si, avec un enfant à besoins particuliers, cette crainte nous envahit, alors qu'en est-il avec deux enfants avec des besoins particuliers?

Avec l'ex, la question ne se posait pas, car nous nous disions que nous n'avions pas le choix. C'est par ailleurs, selon moi, cette résignation qui a contribué à briser notre couple.

Alors on a peur de commencer une autre histoire, on a peur d'être à nouveau dans l'échec. Parfois, on se dit qu'avec une telle situation, personne n'acceptera de commencer une relation avec nous, aussi on se persuade que seul on finira... SEUL!

Il est encore plus difficile d'entamer une autre relation, car la confiance envers cette personne doit se construire pour s'assurer que cette dernière ne nuira point, dans un premier temps à l'enfant, puis dans un second temps à nous-même, qu'elle comprendra la situation et qu'elle s'ajustera à notre réalité, qu'elle ne regardera pas notre enfant comme un monstre ni n'émettra de jugement face à notre mode de fonctionnement... Oui, que cette personne saura nous comprendre, nous soutenir et surtout saura aimer notre enfant avec sa spécificité, avec ses particularités, qui suscitent chez des étrangers de la crainte, des regards furtifs...

Bien sûr, on a peur d'une nouvelle relation qu'on veut sérieuse et durable. On se demande, puisque notre première relation n'a pas fonctionné alors que nous étions tous deux les parents de cette enfant, qu'est-ce qui nous garantit que celle-là, où l'autre n'a aucun lien avec notre petit bout, tiendra la route. On a peur d'emprisonner cette personne dans notre quotidien trop lourd et complexe à porter, on a peur qu'elle voit notre masque tomber, car on ne veut pas dévoiler notre nous devenu fragile par notre condition familiale.

Pour ma part, commencer une nouvelle relation n'a pas pour but de trouver une aide ou encore une substitution au père de mes enfants – car ils ont un père qui, à la hauteur de ses moyens, est là et sera toujours présent pour eux –, mais une personne qui, à travers une relation stable, me permettra de m'évader, de me faire oublier ma condition de maman d'enfants avec des besoins spéciaux, de me rappeler que je suis une femme avant tout et non pas une super maman, comme on nous appelle toutes dans ce contexte- là.

Ces craintes nous paralysent et nous font douter de nous, de ce qu'on peut apporter de positif à cette personne ainsi qu'à cette nouvelle relation.

Toujours dans la peur, nous voulons informer l'autre de la condition de l'enfant, mais parfois ces informations apportées afin de conscientiser l'autre sur l'état de notre bébé et de notre réalité, qui deviendrait sa réalité, peuvent devenir oppressantes pour l'autre car trop nombreuses. Tout cela, je le vis, je le subis et cela me rend suspicieuse, méfiante, et réservée. La peur me fait avoir des réflexes de protection qui m'empêchent de me dévoiler, de m'abandonner, de vivre cette nouvelle relation amoureuse pleinement en toute pérénité.

Je crois profondément que la peur d'être déçu nous emprisonne et nous conditionne, mettant à mal tout espoir d'un renouveau et d'un épanouissement à travers la nouvelle relation. Aussi, afin de ne pas passer à côté de quelque chose qui pourrait être magnifique pour moi, je m'efforce de me dire que la personne qui veut partager ma vie, parce qu'elle m'aime, aimera mes petits loups, c'est ce que voudrait la logique. Ici, me concernant, à travers cette nouvelle relation, il s'agit aussi d'accepter d'avoir un espoir pour un avenir que je crois brimé, pour un avenir que je ne perçois pas, que j'ai du mal à me représenter. Oui, c'est de me permettre de me dire que, malgré l'état de mes enfants et ma situation familiale, j'ai moi aussi droit à un avenir, à un avenir joyeux, à un avenir autre que celui de la solitude, de l'isolement, ou axé sur celui de mes enfants.

...

Nous

...

Chaque jour passant, à nous je n'ai de cesse de

penser...

Je me laisse aller vers ce songe qui de toi me

rapproche...

De toi alors je me sens plus proche.

Mais, lorsque de cette chimère je m'en reviens,

triste je deviens

Car de toi à nouveau je suis éloignée.

Inéluctablement cette idée en moi surgit :

Quand viendra le jour où toi et moi

dans les bras de l'un et l'autre nous

trouverons?

...

Absence

...

Là tout de suite je pense à toi, et de ce manque de

toi mon cœur épris

de chagrin est pris...

Alors vers des horizons sensuels mon âme s'envole,

espérant de toi se rapprocher...

Et de cet élan mon corps à ton reflet espère

s'accrocher...

Mais que de souffrances lorsque, de cette étreinte volatile, la réalité tel un bourreau à moi s'impose...

Et de ton absence, mon cœur d'émoi se remplit, me laissant pour unique pensée l'attente d'un doux songe prochain

•••

Séparation

•••

Notre union, difficile fut

Elle fit partie de ces unions rejetées... par une

personne, Essentielle Personne – rejetée

Contre vents et marées, de cette objection avec

fougue je me battis; alors de tous je fus – rejetée

Pour que treize années après,

une destinée qui de nous éloigner avait planifié...

nous sépara...

par une Essentielle Destinée nous fûmes – séparés

Et face à moi l'échec

L'échec de ma lutte contre vents et marées, échec

de mes aspirations de famille soudée, échec contre

ce rejet de la Personne Essentielle, échec face au

plan de

l' Essentielle Destinée ...

Et je pleure... car avec rage dois-je m'avouer que de

ce combat vainqueur je ne suis– ma défaite,

ma perte – rejetée

Rejetée je suis encore, une fois de plus, par cette

Séparation, Essentielle Séparation...

Brisé mon cœur est

Brisé mon être est

Brisée ma famille est...

Ma famille brisée, que me reste- il? Un essentiel

Espoir?

Oui, je veux m'y accrocher, avec fougue, contre

vents et marées pour que face à mes devoirs

maternels,

vainqueure enfin je sois

Chapitre III

. . .

RELATION AVEC LES
AUTRES : AMIS, FAMILLE

Si les relations intimes sont difficiles dans les familles confrontées à la maladie, je vous laisse imaginer celles avec l'entourage, qui est complètement altérées par la situation occasionnée par ce mal.

Lorsque l'on sait que les relations interpersonnelles sont pour l'homme un besoin important pour vivre dans ce monde, et qu'elles se font sur plusieurs points –amical, professionnel et familial–, on comprend qu'elles nous permettent de sociabiliser et d'avoir une vie équilibrée.

Mais comment, dans les conditions d'une famille vivant une ou plusieurs situations d'handicap, maintenir cette sociabilisation et vivre de façon équilibrée? Je dirais, lorsque je m'appuie sur mon vécu, que cela est un dur labeur. La difficulté est ressentie dans toutes les sphères par tout le monde et encore plus par l'enfant en situation de handicap car, lorsque celui-ci est CONSCIENT, il endure tout: regards des autres, isolement car pas ou très peu d'amis, incompréhension des autres, jugements. Cela aussi, les parents le vivent, et à plusieurs niveaux car ils le vivent AU TRAVERS de leur enfant, POUR leur enfant et À CAUSE de leur enfant.

Pour expliquer cela, j'évoquerai dans un premier temps la relation que nous, en tant que parents, vivons avec les autres, puis dans un second point je parlerai de la relation de mes enfants avec les autres, aussi bien avec les pairs qu'avec les adultes.

Comme je n'ai eu de cesse de répéter, nous portons éternellement un masque. Si dans notre couple nous nous bernons sans difficulté, avec nos proches jouer la comédie est un réel jeu d'enfants. Parce que nous ne voulons pas que notre entourage nourrisse de la pitié pour nous, nous simulons une harmonie parfaite. Braves ils nous trouvent.

Cependant, les sorties chez les amis se font rarement car, bien que ces derniers connaissent notre situation, bien qu'ils aiment nos enfants à besoins particuliers, notre réalité leur est totalement inconnue. Se représenter notre quotidien leur est difficile, et pour cause: comment se mettre dans une situation que nous ne connaissons pas? C'est comme s'imaginer être parent alors qu'on n'a pas d'enfant. Il y a beaucoup de facteurs qui sont mis de côté, la représentation est plus idéaliste qu'objective. Comment imaginer une fatigue intense causée par l'éveil nocturne du bébé ou encore la fatigue extrême causée par des nuits blanches dues à la maladie ou aux coliques du bébé? Hummm, très difficile, la preuve: j'étais loin de m'imaginer tout cela avant d'être maman. Aussi, tant qu'on n'a pas un enfant à besoins particuliers, on ne peut pas comprendre le quotidien des parents et de la famille, et ce n'est pas parce qu'on ne comprend pas qu'il n'y a pas de compassion, loin de moi cette pensée.

Cette situation, inéluctablement et inconsciemment, pousse les parents avec leur enfant vivant une situation de handicap à ne rencontrer qu'occasionnellement leurs amis. Pas parce qu'ils (en)ont honte, pas parce qu'ils doutent de la sincérité de l'amitié de leurs amis, pas parce qu'ils pensent que leur enfant sera malmené ou mis à l'écart, mais parce que cela demande énormément de gestion, d'organisation et surtout d'énergie. Oui, en rendant visite à nos amis avec nos enfants, combien de fois l'épuisement s'est emparé de moi, combien de fois j'avais hâte de rentrer à la maison pour pouvoir enfin me poser, enfin souffler, enfin respirer, enfin jouir de mon moment. Tout simplement me retrouver avec moi-même...

Les relations avec les amis se passent plus au téléphone, car moins de gestion et moins d'énergie dépensée. Je pense, sincèrement, que sans le savoir on s'isole parce que cela nous permet de ne pas trop afficher notre état, notre condition, et permet de faire croire que tout va bien, malgré la situation.

Pour ma part, je fais toujours croire que tout va bien. Rares sont ceux qui connaissent véritablement ma réalité.

Pourquoi? Parce que je ne veux point qu'on me prenne en pitié, je ne veux point qu'on prenne en pitié mes enfants. Chez moi apparaît également un autre sentiment lorsque je vais voir mes amis avec mes enfants: la tristesse. Oui, je suis triste, lorsqu'on rend visite à mes amis qui ont des enfants, de voir que mes enfants auraient pu être comme les leurs; je suis triste de voir que ma fille, qui est la plus âgée parmi tous ces enfants, est plus jeune mentalement, a des difficultés motrices; je suis triste de voir ma fille essayer de suivre le rythme de ces enfants-là et ne pas y parvenir; je suis triste de voir que des enfants ont peur de ma fille... Je suis triste. Chaque fois que nous revenons de ces visites, je pleure... Je pleure dans mon cœur, et parfois les larmes coulent, ruissellent. Ce sentiment, je ne peux m'en défaire. Quand bien même il est passager, il revient tout le temps à moi. Alors, pour éviter d'être autant en émoi, je raréfie les visites en famille.

Eh oui, l'isolement devient notre lot malgré nous et inconsciemment rompt le pont de la socialisation: désolante réalité! Toujours dans l'exemple des visites rendues aux amis, mes yeux de maman remarquent tout et, malheureusement, les petits gestes qui paraissent anodins prennent à mes yeux beaucoup d'ampleur. Mes deux enfants sont des enfants, qui à la maison sont inséparables et jouent continuellement ensemble, se disputent comme toute fratrie, se câlinent, se jalousent. Ainsi, lorsqu'une caresse ou un bisou est donné à l'un, l'autre réclame le sien. Mais, lorsque nous arrivons chez les autres, je suis triste de constater que parfois certains enfants les séparent, prennent mon garçon, qui est moins atteint, l'éloignent de sa Tadé… et laissent ma fille. Ce genre de geste m'est insupportable, surtout pour moi qui veut de mes enfants qu'ils soient unis, solidaires. Et malheureusement ce genre d'agissements exécutés par de tout jeunes enfants, qui suscite une vive réaction de protection chez moi, me contraint à réduire mes visites. Ici, je ne parle pas de tous les enfants, encore moins de ceux qui côtoient mes enfants depuis leur tout jeune âge, mais je parle des nouvelles rencontres, de ceux qui ne connaissent pas ma fille et qui en ont peur. Je ne peux leur en vouloir, ce ne sont que des enfants, d'autant que ma fille, lorsqu'elle se trouve face à des enfants, a un comportement inapproprié car elle est trop heureuse et excitée de voir d'autres enfants.

Je sais pertinemment que c'est ce comportement ÉTRANGE qui engendre la peur chez ces enfants. Toutefois, mon cœur de maman ne peut cesser de saigner à la vue de ce spectacle où on isole ma princesse et surtout où on l'éloigne de son Momone. Mon rôle est de faire en sorte que mes enfants s'estiment, se respectent et restent solidaires l'un de l'autre; c'est le rôle de tout parent. Voilà pourquoi je ne peux accepter que des facteurs extérieurs, à cause d'appréhension ou de tout autre sentiment, ne nuisent à leur harmonie, à leur complicité… à leur amour.

On se rend compte que maintenir une relation avec les autres, que ce soit les proches ou de nouvelles connaissances, n'est vraiment pas chose facile.

À ce facteur que je viens de mentionner s'ajoute le facteur de la sécurité, qui demeure un problème majeur.

Pourquoi? Parce que chez nous, nous aménageons notre logement en fonction de la problématique de notre enfant, nous faisons en sorte que l'agencement soit le plus sécuritaire possible: fermer les portes à clé pour ne pas qu'il sorte, fermer les baies vitrées, ne pas laisser de contenant en verre à sa portée; dans mon cas, ne pas mettre une table basse pour éviter les chocs lors d'un déséquilibre ou d'une convulsion, épurer le plus possible les espaces pour permettre un déplacement le plus sécuritaire possible. Or, en allant chez des amis, concernant l'aménagement de leur espace, nous n'avons aucun contrôle et la moindre petite chose peut être un danger pour notre enfant. Chez nous, nous avons placé les couverts en hauteur, hors d'atteinte; chez nos amis, ils sont aisément accessibles. Chez nous, nous avons banni les tables basses en verre ou les tables basses tout court, pour éviter qu'en cas de crises convulsives ou encore en cas de comportement d'opposition, l'enfant ne se heurte et ne se blesse; chez nos amis, elles sont présentes avec des bordures bien en pointe... Comment ne pas être constamment sur le qui-vive, en émoi ou encore nerveux? Comment ne pas être constamment en mouvement pour surveiller l'enfant ou encore pour anticiper et prévenir certaines actions? Et enfin, comment ne pas être épuisé par tant d'énergie physique et psychologique? Oui, une simple visite supposée être, pour les autres, agréable et divertissante, pour nous, parents d'enfant à besoins particuliers, devient pénible.

Oui, quoi que nous fassions, où que nous allions, dès l'instant où nous ne sommes plus dans notre antre, notre vigilance est décuplée par dix, notre dépense énergétique est intensifiée, notre cerveau fonctionne à 300 à l'heure.

Si je me place du côté de notre enfant, autant nous sommes, nous parents, comme des radars, autant ce dernier est une véritable pile, tant la nouveauté suscite sa curiosité ou, à l'opposé, ses craintes. Nous avons alors soit un enfant qui sera en exploration continuelle, voulant aller partout, comme ma fille, ne voulant rien manquer, voulant toucher tout ce qui ne lui est pas accessible à la maison, qui sera énervé par ce trop-plein de nouveautés qui met son être en effervescence, ou, dans le cas contraire, nous aurons un enfant qui sera apeuré car le milieu lui est étranger, qui sera énervé à cause des bruits, des tonalités auxquels il n'est pas habitué. Dans les deux cas, ces visites ou ces nouveaux environnements les fatiguent, les rendent nerveux, les déstabilisent. Ceci est vraiment le plus gros inconvénient dans la relation avec les autres, surtout lorsque nous avons affaire à des enfants souffrant de problématique comportementale, de déficience intellectuelle ou encore d'autisme.

Lorsque nous décidons de nous rendre chez des amis sans les enfants pour avoir notre moment de répit, parce que nos enfants ont des besoins spéciaux, les faire garder, en plus d'être coûteux, nécessite une confiance extrême en la personne qui les gardera. Dans mon cas, mes enfants ayant peu de vocabulaire, ne peuvent pas me dire s'ils ont bien vécu ou pas le gardiennage, si durant le gardiennage ils ont été malmenés ou non… Bref, c'est une torture. Alors, plutôt que de nous poser mille et une questions, nous préférons ne pas sortir ou, pour les plus courageux (rire), sortir rarement.

Cependant la vie sociale reste très importante, c'est pour cette raison que, pour ne pas subir l'isolement, l'exclusion, nous devons agir, ne jamais être passif ou attentiste. Nous sommes donc constamment confrontés à des choix quant à la manière dont nous voulons sociabiliser. Mais ça, nous en parlerons un peu plus tard .

Si je dois conclure, le côté positif dans le fait de sortir de sa bulle, de côtoyer autrui, que ce soit pour l'enfant ou pour les parents, réside dans le fait de voir autre chose, de sortir de son milieu. Pour les parents, de parler à d'autres adultes avec d'autres réalités, de ne plus être focalisés sur eux-mêmes, ni sur leur problématique familiale. Pour l'enfant, c'est l'occasion de voir d'autres horizons, de se rendre compte qu'en dehors de la maison et de l'école, il y a autre chose de tout aussi intéressant à découvrir, à vivre et à fréquenter. Oui, cela reste positif et libérateur, même si le faire n'est pas évident.

...

VOILE

...

Un voile sur mes yeux s'est posé

Quand? Vous le dire je ne saurais

Un grand voile sur ma vie s'est posé

Comment? Vous l'expliquer je ne pourrais

Un voile, immense voile sur mon avenir s'est posé

Pourquoi? À moi-même cette question je pose

Car ce voile, rassurant point n'est

Car ce voile, apaisant point ne demeure

Oui ce voile apeurant, inquiétant, ma vie

bouleverse

Ma vie hypothéquée, ma vie mise à mal, déroutée

devient

Ô ma vie, espoir de mes aspirations,

lueurs de mon optimisme

Sur toi, un voile, grand voile, immense voile, sans

justification aucune, s'est déposé.

La relation avec les autres m'amène à aborder deux sujets des plus importants: l'éducation et la vie professionnelle. Je commencerai par la question de l'éducation, puis j'achèverai par celle du travail.

TROISIEME PARTIE

...

L'ÉDUCATION

Quand on sait que l'éducation est axée sur la société et les moeurs, et que c'est grâce à elle que la relève se fait, il est primordial de montrer comment elle prend forme dans le contexte de familles vivant une situation de handicap.

Chapitre I

. . .

ÉDUCATION FAMILIALE

L'éducation… «Éducation», un mot lourd de responsabilité; un mot qui impacte tous les acteurs; un mot qui fonde une civilisation, une société, une famille, un individu.

En temps ordinaires, éduquer des enfants est une tâche rude et chargée de surprises car, à mesure qu'on éduque nos enfants, nos enfants également nous éduquent. Comment? Tout simplement parce qu'ils nous apprennent qu'il n'est point un unique modèle d'éducation. Tout simplement parce qu'ils nous apprennent qu'il faut adapter nos valeurs éducatives en fonction d'eux, car une éducation qui va à l'un ne sied pas forcément à l'autre; mais surtout parce que nos enfants nous apprennent à sortir de nos valeurs, de nos préjugés, de nos prérequis… Oui, ils nous APPRENNENT.

Si éduquer des enfants avec un quotient intellectuel normal n'est pas chose évidente, alors imaginez la complexité d'éduquer un enfant avec une déficience intellectuelle.

Quand on est parent d'enfant avec une déficience, on est pris en sandwich entre deux notions opposées: d'un, la volonté d'éduquer notre enfant avec nos valeurs, et de deux, la réalité de sa condition.

Oui, lorsqu'on est dans mon cas, lorsqu'on a deux enfants avec une déficience intellectuelle modérée, il arrive très souvent que nous soyons complètement perdus car nous avons du mal à nous situer quant à la manière d'élever notre enfant avec sa condition intellectuelle.

Pour ma part, très vite j'ai compris que, pour aider mes enfants et leur garantir une sécurité face à l'extérieur, je devais être comme tous parents d'enfants normaux, c'est-à-dire juste et rigoureuse.

Comme maman, je suis une maman câlins, une maman bisous, une maman délirante, faisant des choses folles avec ses enfants, mes enfants.

Mes enfants savent donc qu'avec maman ils peuvent tout faire. Toutefois, ils savent aussi qu'avec maman, il y a des limites. Des limites qui, si elles sont franchies, amèneront une conséquence, car oui, un enfant déficient intellectuel comprend, il comprend bien plus qu'on ne peut le croire.

Grand nombre de personnes pensent que les enfants déficients intellectuels doivent avoir une éducation différente des enfants normaux car, selon elles, ils ne comprennent pas, ils sont «stupides» et incapables de sentiments comme s'ils étaient des êtres primaires.

Je dirais même que l'ignorance fait que ces personnes les voient avec une intelligence inférieure à celle de nos animaux de compagnie... Elles les voient comme les plantes ornant nos salons et jardins. Rappelons par ailleurs qu'il fut un temps où, dans notre société, on les traitait moins bien que les animaux. En fait, il existe encore des contrés où ce mauvais traitement existe toujours, mais je ne m'étendrai pas là-dessus car cela soulève en moi, maman de déficients intellectuels, trop d'émotions.

Je dis non, ils ne doivent pas avoir une éducation différente, mais oui, leur éducation doit être adaptée à leurs conditions et capacités, mais elle ne doit nullement les réduire à une position inférieure. Par ailleurs, je dis de mes enfants qu'ils ont une «faiblesse intellectuelle»… Cet euphémisme me parle plus.

Je clame haut et fort qu'ils doivent avoir une éducation qui, au même titre que celle des enfants dits normaux, les met dans un cadre, leur transmet des valeurs et les rend viables dans la société où nous vivons. Je dis «viables», car l'éducation que nous leur inculquons doit faire en sorte qu'ils ne se mettent point en danger, qu'ils connaissent les interdits, tout simplement, qu'ils soient conscients de leurs limites, de leurs droits et de leurs devoirs, au même titre que tous les autres enfants, comme tout le monde… Comme tout le monde.

Un enfant déficient intellectuel n'est pas un extraterrestre; il a comme chacun de nous des sentiments, des émotions et, comme chacun de nous, il manipule. Cela, ma fille, mon premier enfant, me l'a appris.

J'ai donc appris que mon enfant de trois ans, mais d'âge mental douze mois, devait comme tout enfant avoir des limites, mais que ces limites, je devais les adapter à son âge mental tout en évitant de l'inférioriser, de l'amoindrir. Cela était très difficile car, quand vous voyez un enfant de trois ans faire des «bêtises» comme un bébé, il n'est pas évident de garder son calme, d'autant que l'acceptation de sa condition, me concernant, n'a pas été facile, surtout dans ses premières années.

Ce que j'ai pu remarquer, c'est que l'âge mental et l'âge chronologique, physique, se mêlent, me laissant dans un environnement flou dans lequel je dois composer et m'adapter pour éduquer ma fille, puis maintenant ma fille et mon fils.

Il est important de savoir que les enfants avec une «faiblesse intellectuelle» sont hypersensibles… Ils perçoivent immédiatement les tonalités vocales, les expressions faciales, les gestes… En bref, ils décodent tout plus vite qu'un enfant dit normal. Cela, je l'ai appris avec mes enfants car, aussitôt que ma voix se mue, qu'elle devient colérique, ma fille commence à s'agiter et mon fils, lui, a des soubresauts qui sont des convulsions myocloniques. Aussi, pour leur éducation, je dois éviter de crier ou de gronder trop fort… Ce qui est très, très, très difficile.

Comment se contenir lorsqu'on est fâché ou mécontent? C'est là toute l'éducation que mes enfants me donnent. Moi qui suis spontanée et ultra réactive, poussant très rapidement aux sons aigus, j'ai dû apprendre à être patiente, à me contenir et encore aujourd'hui, après onze ans, ce n'est toujours pas évident.

Donc, parce qu'un enfant «avec une faiblesse intellectuelle» n'est pas un extraterrestre, qu'il a comme chacun de nous des sentiments, des émotions, et que, comme chacun de nous, il manipule, il doit être éduqué. La règle d'or est qu'encore plus que les enfants «normaux», il doit être encadré et avoir un modèle d'éducation constant et adapté à ses capacités et surtout à ses potentialités. Oui, ses potentialités. Il ne faut surtout pas s'arrêter à ce qu'il est en mesure de faire dans le moment présent, mais plutôt à ce qu'il sera en mesure de faire plus tard. Cela, c'est ma princesse qui me l'a appris.

J'élève donc mes enfants avec leurs potentialités, avec ce qu'ils seront en mesure d'accomplir plus tard. Je suis avec mes deux enfants très stricte parce que je sais que mon éducation les valorise… Oui, les VALORISE. Je ne m'arrête nullement à leurs conditions actuelles, je sais pertinemment qu'ils seront capables de se surpasser…

N'oubliez pas qu'on m'avait dit que ma fille ne marcherait pas ni ne parlerait, et qu'elle serait encore moins propre. Si je m'étais arrêtée à ces diagnostics et si je l'avais éduquée en fonction de ceux-ci, les potentialités de ma fille auraient été brimées, enterrées...

L'espèce humaine est surprenante et son cerveau encore plus. De ce fait, j'ai foi en elle. J'ai foi en mes enfants et en leur potentialité.

Peu importe l'endroit où je suis, j'éduque mes enfants de la même façon. Si, à la maison, ils lancent des objets, je les réprimande; cela ne change pas lorsque nous sommes dehors, et ce, malgré les regards et les jugements... Les jugements. Car, lorsqu'on est parents d'enfants à besoins spéciaux, surtout avec une faiblesse intellectuelle modérée, on est totalement incompris et jugés: lorsqu'on sévit, on nous juge. Je me rappelle d'un jour où mon père m'a dit que j'étais cruelle parce que j'avais réprimandé ma fille, parce que j'éduquais ma fille... Cruels, telle est la manière dont on nous perçoit, nous parents d'enfants avec une faiblesse intellectuelle modérée, parce que nous éduquons et transmettons des valeurs à nos petits cœurs.

Lorsqu'on ne fait rien lors d'une crise de nos enfants à l'extérieur, nous sommes là encore jugés et nos enfants sont regardés comme des horreurs…

Quoi que nous fassions en tant que parents, nous sommes jugés, mais, en tant que parents d'enfants à besoins particuliers, nous sommes encore plus jugés et même abominablement jugés.

Aussi, il n'est pas évident de rester constants, mais, lorsqu'on sait ce qu'on fait, qu'on sait que nous n'abusons pas de notre pouvoir et que ce que nous faisons, nous le faisons pour eux, pour leur bien et pour leur permettre d'être viables dans ce monde après notre disparition, nous devons nous imposer de donner une éducation constante et en adéquation avec nos valeurs qui deviendront celles de nos enfants, même avec une «faiblesse intellectuelle».

Parfois, cette éducation peut détruire une famille car, lorsque les deux parents ne suivent pas la même voie, cela crée de véritables discordances.

J'ai mentionné plus haut qu'un enfant avec une faiblesse intellectuelle manipule, tout comme nous. Il perçoit parfaitement lorsqu'on le diminue et il en joue. Aussi, lorsque, au sein du couple, il y'a un parent qui ne voit pas les potentialités de son enfant et qui reste cantonné sur la condition présente de ce dernier, l'enfant ne fera aucun effort pour se surpasser… Il fera celui qui n'est capable de rien. il manipulera avec art ce parent-là. Pendant qu'un des parents infériorise, l'autre valorise et permet à l'enfant de se surpasser… Ces deux attitudes non complémentaires placent l'enfant dans une espèce de brouillard qui ne lui est pas du tout bénéfique.

Lorsqu'on est dans un tel schéma, il arrive souvent une brisure.

Dans l'éducation que j'inculque à mes enfants, le respect de l'autre est au cœur de tout. Aussi, lorsqu'un de mes enfants chagrine l'autre, j'impose à celui qui est fautif de présenter des excuses: tant qu'un «pado» n'est pas prononcé, personne ne bouge. La chance que j'ai, c'est que ce «pado» est dit rapidement, suivi toujours d'un câlin et d'une caresse, ce qui me fait fondre de plaisir.

Dans leur éducation, je responsabilise chacun d'eux: ma fille, l'aînée, la «Tadè» de son petit frère, doit toujours, lorsqu'on est au seuil de la porte, avant de sortir, tenir la main de son petit « crère » et se placer contre le mur avec lui; quant à Mômôme, il doit rester à côté de sa soeur et ne pas lâcher sa main. Ainsi, j'apprends à ma fille à jouer son rôle de grande sœur, qui est de veiller sur son frère, et j'apprends à mon fils à écouter sa grande sœur.

Je dois avouer que parfois il en découle des scènes assez drôles, comme lorsque mon fils lâche la main de sa sœur pour courir et que ma fille, avec sa marche complètement déséquilibrée, tente de le rattraper pour lui tenir la main en criant «Mômône».

Ma fille intègre tellement son rôle que, lorsque son frère fait une bêtise, elle le réprimande en disant: «Non, Mômône!» Quant à mon fils, il a compris que sa sœur est là pour veiller sur lui car, lorsque je le réprimande, il va pleurer dans les bras de sa Tadé, et sa Tadé vient me taper (sourire). Lorsque je vois ce résultat, je me dis que j'ai réussi et que leurs potentialités vont au-delà de mes attentes. Je suis fière qu'ils soient aussi réceptifs à mon éducation. Merci, mes bébés, cela ne fait que m'encourager davantage.

L'éducation que j'ai choisie, de façon instinctive, de donner à mes enfants est basée sur l'écoute. Cette éducation axée sur l'écoute concerne toute la famille, puisque nous nous éduquons mutuellement.

Pourquoi le choix de l'écoute? Disons que ce choix s'est imposé à moi. L'écoute dans l'éducation en général est très importante, car elle permet d'identifier les besoins physiologiques et émotionnels de l'enfant, de lui signifier aussi ses droits et ses devoirs pour que, socialement, il ait un comportement adapté et sécuritaire.

On constate que, pour des enfants dits normaux, cette éducation orientée sur l'écoute évolue et passe par plus d'un stade. Ainsi, dans le jeune âge, l'écoute est axée sur les besoins physiologiques et le réconfort. Lorsque l'enfant commence à s'exprimer verbalement, puis devient adolescent et après adulte, un autre stade s'ajoute au premier, l'écoute émotionnelle, dans lequel l'enfant exprime son affect, ses angoisses, ses moments de bonheur, ses relations amicales et amoureuses, son mécontentement, son opinion…

Cette écoute sur laquelle je fonde les bases de mon éducation pour les enfants avec des besoins spéciaux est nécessaire, mais, lorsqu'on a des enfants avec une parole déficitaire, l'écoute devient alors vitale.

Dans mon cas, je dirais que cette éducation demeure majoritairement dans le premier stade, celui du physiologique, et ce, depuis la naissance de mes enfants. L'émotionnel s'installe à pas de tortue. Avec toutes les problématiques de mes enfants, il me faut être à l'écoute de tout: écouter la manière dont ils toussent pour éviter les risques d'étouffement lié à l'ingestion d'un objet ou encore provoqué par une salivation mal avalée car trop abondante; écouter la manière dont ils se plaignent pour les rassurer ou les soigner s'ils ont une douleur ou un inconfort provoqué par l'épilepsie, une chute ou une douleur musculaire; écouter la manière dont ils tombent pour savoir si c'est une convulsion ou une simple chute.

Dans l'éducation de mes enfants, l'écoute est une question de survie, car la moindre inattention peut conduire à une catastrophe. Combien de fois n'avons-nous pas échappé au pire parce que ma fille avait avalé une barrette, un élastique, un ballon en latex (*balloon*) ou autre. Car ma fille jusqu'à ce jour continue de porter à sa bouche tout ce qu'elle trouve sur son chemin, un vrai radar à objet perdu (rire). Il ne faut rien, mais je dis **rien** laisser à sa portée. Comment tout isoler lorsque vous avez un enfant de onze ans, presque aussi grande que vous, qui atteint tout et trouve des ruses pour s'emparer de ce que vous pensez avoir mis hors de portée? Combien de fois mes enfants, en jouant ou en dormant, ont eu une convulsion tonicoclonique ou clonique, combien de fois…

Cependant, bien que mes enfants aient une parole primaire, ils parviennent à exprimer leurs envies, leurs besoins.

Aussi pour moi ce miracle mérite toute mon attention, toute mon écoute. Je suis donc totalement à leur écoute pour répondre à leurs demandes, car n'oublions pas que l'écoute instaure la communication, alors je ne veux manquer aucun semblant de dialogue avec eux, de complicité avec eux.

Cela ne veut pas dire que je leur concède tout. Car un enfant, qu'il ait ou non un handicap, doit avoir une éducation constante dans sa logique afin de ne pas perdre ses repères, afin qu'il soit dans la stabilité et puisse devenir plus fort.

Au fil du temps, malgré le fait que mes enfants ne soient plus dans le premier stade, ils restent à la limite du deuxième stade étant donné qu'ils parviennent à manifester leur désaccord. Par exemple, ma fille s'oppose vivement à moi lorsque je lui présente un vêtement qu'elle ne veut pas porter, ou elle me clame fermement son refus de manger le repas que je lui présente par un «Non, veux pas». Idem pour mon fils, qui m'impose son envie de mettre seul ses chaussures, ses chaussettes ou encore son manteau. Nous sommes vraiment à l'ébauche du deuxième stade, et j'ai foi que nous le développerons.

L'éducation des enfants à besoins particuliers suscite les mêmes doutes que celle des enfants dits normaux car, en tant que parents, ayant à cœur de bien faire et de mener nos enfants vers le standard éducatif de la société, nous nous questionnons constamment sur la manière dont nous les éduquons, nous craignons de faillir à les orienter dans la direction que nous leur souhaitons... Des questions, toujours des questions.

Pour les enfants à besoins particuliers, les questionnements sont décuplés, les doutes sont amplifiés et parfois la panique nous saisit brutalement et violemment car leur futur nous effraie. Pourquoi cette frayeur? Tout simplement parce que nos enfants à besoins particuliers, et plus spécifiquement souffrant de faiblesse intellectuelle, ne s'assumeront jamais totalement, ils resteront sous tutelle ou curatelle. Nous pensons donc d'emblée au jour où nous ne serons plus et à comment la relève se fera. C'est cette pensée qui nous plonge dans la panique et graduellement dans la souffrance. Car si nous, en tant que parents, nous avons pleine conscience de comment mettre en place un cadre qui leur soit financièrement et psychologiquement favorable, nous ne pouvons malheureusement garantir la conscience de la personne qui prendra la relève, qui prendra NOTRE relève.

En ce qui me concerne, je passe par toutes ces phases: questionnement, doute et panique. C'est étrange de constater que, lorsque les repères sont mis à mal, ces états de questionnement, de doute et de panique s'imposent et s'emparent rapidement de nous.

Je me demande très souvent, surtout concernant ma fille, si je vais réussir à lui donner une éducation qui la sécurise. Qu'entends-je par éducation sécurisante? Tout simplement une éducation qui ne l'amène pas à s'exposer et à se mettre en danger.

Si on considère que ma fille de onze ans agit comme une enfant de trois ans, on s'entend qu'elle n'a pas un comportement adapté à son âge ni à sa morphologie. Un enfant de trois ans est capable de se déshabiller devant n'importe qui. Pourquoi? Parce qu'à cet âge il n'a aucune pudeur, aucune gêne et aucune conscience de sa physiologie. Je vous laisse donc imaginer mon inquiétude sur ce plan, car ma fille est totalement dans cet état d'esprit, conforme à son âge mental. Je me bats donc au quotidien dans son éducation pour, à défaut de lui faire prendre conscience de son corps, créer des automatismes afin qu'elle cesse ces comportements inappropriés, et je peux vous garantir que cela n'est point chose aisée.

C'est dans ces moments-là que les questionnements, puis le doute et enfin la panique m'envahissent, me serrent le cœur et finissent par me faire pleurer, douloureusement pleurer.

Toutefois, malgré ces différents états par lesquels nous passons, il est essentiel de ne pas percevoir nos enfants à besoins particuliers comme étant en marge des autres enfants afin de les éduquer sainement, avec tendresse, fermeté lorsque cela est nécessaire, et écoute. Dans mon cas, j'éduque mes enfants comme s'ils n'avaient aucune problématique. Ainsi, lorsqu'ils font des bêtises, ils ont des conséquences comme tout enfant. Je leur fixe des limites et je m'efforce de tenir la même ligne directrice avec eux afin de ne pas les perturber. Ce n'est pas chose évidente et, parfois, la patience me manque, le découragement s'empare de moi comme de tous les parents, sans distinction aucune. Mais le plus important, et cela je l'apprends au fil des ans, est de ne pas perdre de vue les objectifs fixés sur les moyens d'aider notre enfant si *particulier* à se développer et à s'épanouir.

Oui, ils prennent beaucoup de temps pour assimiler ce que nous voulons leur inculquer, et c'est d'ailleurs de là que viennent l'impatience et le découragement chez nous, parents. Oui, parfois on aimerait tout briser, disparaître ou mettre sur pause ne serait-ce que quelques secondes, mais nous ne le pouvons pas; en contrôle nous devons toujours être.

Au fil des ans, je me rends compte que, par rapport à l'éducation de mes petits bouts, je me mets trop de pression car je ne veux pas défaillir, je veux qu'ils soient prêts pour le jour où je les quitterai, je veux que, dans les sphères où ils ont le plus de lacunes, ils se bonifient… Mais il y a ce que je veux et ce qu'ils peuvent. Aussi, éduquer des enfants à besoins particuliers, c'est tenir compte avant toute chose de leurs capacités sans pour autant les rabaisser ni les sous-estimer, comme je l'ai mentionné plus haut.

Pour chaque parent, la période se révélant la plus difficile est la période préscolaire. Pourquoi? Parce que trouver une garderie, une bonne garderie, n'est nullement chose facile. Si trouver une garderie pour des enfants dit normaux reste difficile, pour des enfants à besoins spéciaux ardu cela demeure, un combat cela s'avère.

Un combat, car peu de structures sont adaptées, car peu de structures ont des subventions, car peu de structures veulent les accepter… veulent les ACCEPTER. Des propos qui se veulent rassurants sortent alors de la part de certaines directions: « Pourquoi ne le mettez-vous pas avec des enfants comme lui, comme elle? » La discrimination, l'exclusion et l'inégalité.

Pourquoi? Ces enfants ne sont-ils pas des ENFANTS? En étant dans ces garderies, ne sont-ils pas avec des enfants comme eux?

Que de souffrance pour un parent d'entendre « non », une fois « non », deux fois « non », quinze fois « non ». Oui, quinze « non » de quinze garderies… **Tristesse, puis colère et enfin impuissance.**

Dans ces conditions, les émotions prennent le dessus, nous sommes incapables de réfléchir. Une fois un peu calmés, nous contactons les associations, toutes les associations, oubliant parfois de faire le tri… Mais la réalité, s'abattant sur nos espoirs, nous révèle que ces associations pouvant fournir du répit n'ont pas trop de pouvoir d'action sur ce mal qui est de trouver une garderie pour notre enfant dit à besoins spéciaux, cet enfant qui a le droit d'être avec des enfants de son âge et non pas seulement de sa condition. Merci, Mehwaish, d'avoir embrassé mon fils, merci, Barbara et Bettina, d'avoir chéri ma fille.

Ce phénomène se retrouve aussi dans les activités… Permettre une activité à notre enfant dit à besoins spéciaux semble être du luxe. Pour un enfant n'ayant pas de déficience motrice mais ayant un retard de développement ou une déficience intellectuelle modérée, cela est titanesque de trouver un dojo ou autre… Dojo, oui, j'en parle ici car tous les éloges dont on me faisait de l'esprit des arts martiaux et de l'impact de ces arts sur le développement de l'enfant m'ont poussée à y inscrire mon enfant, mon petit garçon… Mais là encore j'essuyais des refus, et à nouveau **tristesse, colère et impuissance.** Et, après dix refus, le onzième comme un ange accepta mon enfant, voulant, de ses faiblesses, en faire des forces, oui, de ses faiblesses en faire des forces. Merci, Meghan.

Face à ce « oui » si infime nous revient l'espoir, nous nous sentons vivre, nous sommes heureux car notre enfant n'est plus condamné; exclu, marginalisé, discriminé N'EST PLUS, et nous devenons des parents *comme* les autres.

Ici, j'aimerais développer ces points que sont l'éducation et les loisirs, car ces deux points sont importants pour permettre de donner à nos enfants un équilibre dans leur vie.

Chapitre II

• • •

ÉDUCATION SCOLAIRE

L'éducation de mes enfants se manifeste donc dans le choix de leur parcours scolaire.

Résidant au Québec, je n'ai, heureusement, pas eu de difficultés à scolariser ma fille car, ici, nous avons des structures qui ne sont pas médicales pour répondre au DROIT à l'éducation de nos enfants, comme à celui de tous les autres enfants.

Oui, ma fille va à l'école depuis l'âge de six ans. Elle aurait pu intégrer l'école avant, mais j'ai fait le choix de la laisser une année de plus à la garderie. Comme dans n'importe quelle école régulière ou normale, elle a droit à l'autobus scolaire et surtout, au sein de cette école, les traitements et les soins équivalent à ceux des écoles dites normales; la différence réside dans l'enseignement, qui se veut adapté à la problématique de chaque enfant. Oui, l'éducation dans ces écoles spéciales est axée sur l'enfant et son évolution, ses capacités physiques et intellectuelles. Nos enfants, au sein de cette structure, ne sont pas minimisés, banalisés; on les forme à devenir autonomes s'ils le peuvent. Ainsi, une fois au secondaire, ceux qui le pourront seront initiés à des métiers manuels...

Pour Sade, je n'ai jamais eu d'objection à ce qu'elle intègre ces écoles, à tel point que pour moi, qui suis Française, retourner en France n'est point d'actualité. Pourquoi? Parce que la France dans ce domaine, c'est-à-dire celui des écoles pour les enfants en situation de handicap avec une déficience intellectuelle, est à la traîne, à des milliers de kilomètres, je dirais.

Parce qu'ici, au Québec, ma fille, scolairement parlant, n'a pas ses droits bafoués, je préfère vivre mon isolement loin de ma famille, loin des personnes qui m'aiment, afin que cette dernière puisse continuer à bénéficier de ce DROIT.

Cependant, pour mon fils, le choix de sa scolarité ne me paraît pas aussi évident car, à la lumière de sa condition physique et intellectuelle, je ne le situe pas dans la même catégorie que sa sœur.

Mon garçon, malgré le diagnostic de déficience intellectuelle modérée, a un fort potentiel et je pense même que le diagnostic est erroné: déni ou refus de l'acceptation? Je ne le sais, mais, dans mon for intérieur, je sais que mon fils n'est guère dans le même schéma que sa sœur. Aussi, je refuse qu'il intègre une structure spécialisée et, à défaut de le faire intégrer une école normale, je préfère envisager de le déscolariser afin de lui offrir une scolarisation à la maison. Oui, pour lui, j'aimerais faire le choix de le scolariser chez moi et lui permettre de continuer à évoluer à son rythme, sans le conditionner à un diagnostic que je perçois comme erroné.

Pourquoi ce désir? Mon fils est un enfant qui est très éveillé et qui est dans le mimétisme total. Or, l'inconvénient des écoles spécialisées, qui pour ma fille sont l'idéal vu ses réelles problématiques, est qu'on forme les classes à peu près en fonction des similitudes développementales des enfants. Cependant, cela n'est pas évident à organiser et, dans une classe, de mes yeux de parent je note qu'il y a des écarts qui peuvent être énormes entre chacun des élèves, car on s'entend qu'il n'y a pas deux handicaps qui soient strictement pareils.

Aussi, on peut noter que, pour toutes les personnes paralytiques cérébrales par exemple, il y a de grosses différences d'un individu à l'autre. Partant de là, en sachant que mon fils imite énormément, je préfère en le scolarisant à la maison le mettre dans un cadre où il n'imitera pas les choses négatives qu'il n'a pas l'habitude de faire. Si je souligne cela, c'est parce que je vois que mon fils, au contact de sa sœur, qui a plus de difficultés que lui, imite sa sœur: sa manière de parler, ses expressions. Pour donner une idée de l'ampleur de son mimétisme, il y a certains mots que j'arrive à faire prononcer correctement à mon fils lorsque sa sœur n'est pas là – par exemple, pour «autobus», il dit «tobus» –, mais, en présence de sa sœur, comme elle dit «buch», mon fils, en entendant cette prononciation, répète exactement ce son alors qu'il est capable de dire «tobus». La crainte de cet excès de mimétisme, qui peut lui nuire, me pousse à vouloir le scolariser à la maison, car je sais qu'il est capable de bien des choses et que, tant que je peux le pousser vers l'avant pour faire ressortir son plein potentiel, je le ferai sans hésitation. Car leur éducation m'importe énormément, leur éducation me préoccupe fortement, leur éducation est ma PRIORITÉ.

Dans l'éducation qu'on donne à nos enfants, comment ne pas inclure les loisirs?

Nous savons tous que les loisirs, aussi bien en famille qu'en individuel, permettent l'épanouissement d'un être. Cela est également valable pour les enfants ayant des besoins spéciaux.

Nos enfants à besoins spéciaux sont émerveillés par les loisirs que nous leur offrons: ils changent de cadre, voient d'autres personnes, peuvent faire de nouvelles choses, exactement comme les enfants dits normaux.

Oui, les loisirs leur donnent un nouveau souffle.

Chapitre III

...

LES LOISIRS

C'est dans cette vision d'esprit sain dans un corps sain que chaque parent s'évertue à offrir à son petit bout un loisir, une activité, qu'elle soit musicale ou sportive, un divertissement. Chez les familles classiques, le choix ne manque pas: quelle que soit l'option choisie, l'enfant ne sera pas refusé. Dans mon cas, dans notre cas, le refus est la première réponse. Comme je l'ai raconté plus haut, pour permettre à mon garçon de faire du karaté, j'ai dû contacter onze dojos; de ces onze dojos, dix refus… Eh oui, DIX refus. Ou encore, lorsque ma fille était âgée de trois ans, je tenais à l'inscrire à des cours de natation afin qu'elle puisse faire travailler tous ses membres; tout le monde connaît les bienfaits de la natation... Je tenais donc à y inscrire mon bébé, mais à cette époque, dans la ville où j'habitais, il n'y avait pas de cours de natation adaptés et, forcément, les cours réguliers ne lui étaient pas adaptés. Comment faire travailler, dans un groupe réservé à des enfants de trois et quatre ans, une enfant paralytique cérébrale de trois ans mais d'âge mental de dix-huit mois… J'ai dû donc arrêter ces cours de natation.

Alors oui, nous, parents d'enfants à besoins spéciaux, nous nous battons constamment pour permettre à notre prunelle d'avoir ce nouveau souffle qu'engendrent les loisirs. Et lorsque nous obtenons une *faveur,* car au final cela devient une faveur vu que ce ne sont pas tous les centres qui acceptent nos enfants, quel bonheur pour nous de voir rayonner notre bébé! Je pense même que nous sommes plus heureux que lui.

Pour les loisirs plus accessibles, comme faire une simple promenade ou aller au parc, il n'y a là aussi rien d'évident. Sortir notre enfant demande beaucoup de préparation tant matérielle que psychologique, et énormément d'énergie. La préparation psychologique est la plus inquiétante, car sortir ne devrait pas engendrer ce type de préparation.

Pourquoi une préparation psychologique? Tout simplement parce qu'à chaque sortie, le regard est pointé sur nous, sur notre bébé... Les regards, qu'ils soient bienveillants ou curieux, lassent, blessent et ennuient. C'est comme si nous ne pouvions pas sortir sans nous exposer. Je me rappelle avoir pensé intensément dans mon for intérieur que mon enfant **N'EST PAS UNE BÊTE DE FOIRE.** Je l'ai pensé, mais je ne l'ai pas clamé grâce ou à cause de mon masque – à chacun d'en juger –, car, bien que bouillonnante, je ne laisse jamais rien paraître. Je fais comme si tout est normal. Je fais en sorte que mon bébé, ma fille, puisque c'est elle qui est la plus atteinte, ne perçoive pas ces regards, ne décèle pas mon agacement, en bref, ne se rende compte de rien... Oui, comme toujours, mon jeu de scène reste brillant pour protéger mes enfants, comme c'est le cas de tous parents d'enfants à besoins particuliers.

Pour moi, le plus important, car cela entre dans mes valeurs éducatives, c'est que mes enfants s'amusent, se défoulent à leur manière, s'extirpent de leur quotidien, S'ÉPANOUISSENT et pour cela aux yeux des autres je montrerai que mes enfants sont **NORMAUX**.

Mon message, par conséquent, pour vous, parents dans ma condition, est dans un premier temps d'avoir foi en vous ainsi qu'en ce que vous apportez à vos enfants, et ensuite d'avoir foi en votre enfant ayant une faiblesse intellectuelle... Il est merveilleux et regorge de surprises malgré les difficultés quotidiennes que sa condition occasionne pour toute la famille.

QUATRIEME PARTIE

. . .

LA VIE PROFESSIONNELLE

"Les difficultés quotidiennes que sa condition occasionne pour toute la famille..."

Hum, cette phrase est importante, car on remarque que la condition de mes enfants impacte toutes les sphères de notre vie, de ma vie. Oui, parce que mes enfants requièrent des soins particuliers, avoir une vie intime est difficile, maintenir une relation avec les autres n'est pas évident, alors avoir une vie professionnelle, n'en parlons pas... Ici, je voudrais vous partager mon point de vue sur le thème du travail.

Chapitre I

. . .

MAMAN

Par rapport à une situation que l'on ne vit pas, il est difficile de ressentir le vide qui assaille une personne ou encore de comprendre les besoins fondamentaux qui envahissent un individu. On peut avoir de l'empathie pour ces personnes dans ces situations si particulières, on peut avoir une sympathie même pour ces personnes en proie à ces situations si exceptionnelles, oui, on peut tout simplement imaginer, mais cela nous demeure tout de même étranger.

Dans ma situation de maman avec des enfants à besoins particuliers, le travail est pour moi un BESOIN, une NÉCESSITÉ. Pas pour gagner de l'argent, mais pour me sentir vivre, pour me sentir exister et pour me sentir UN INDIVIDU, une femme, un être humain avant tout. Cette nécessité de travailler me transporte dans une dimension que personne ne peut imaginer.

Ici, il me tient à cœur de vous partager mes sentiments sur cette part importante que prend le travail dans ma vie.

Quand on a des enfants qui présentent plusieurs pathologies médicales, les rendez-vous et suivis médicaux deviennent notre emploi: nous rencontrons un grand nombre de spécialistes, et ce, de façon soutenue. Aujourd'hui, neurologue, demain physiatre, le surlendemain psychomotricien, le jour d'après orthophoniste, endocrinologue, ergothérapeute… Bref, nous en rencontrons énormément dans un même mois. À un point tel que, lorsque nous en avons moins, nous en sommes surpris (rire). Alors, oui, nous sommes ravis que notre enfant soit ainsi suivi, mais nous nous perdons professionnellement.

Chapitre II

...

SALARIÉE?

*Devons-nous, continuer de travailler pour répondre à un besoin pécuniaire mais aussi **relationnel** afin de sortir de notre quotidien trop en proie au handicap? Au contraire, devons-nous arrêter de travailler pour ne pas nous épuiser et ainsi répondre aux différents besoins de notre enfant (rendez-vous, attention accrue) ?*

De ces multiples choix à faire, le choix du travail, en ce qui me concerne, a une place prépondérante dans ma vie.

Pour moi, le travail est salvateur. Le travail est ce qui me permet d'être autre chose qu'une maman d'enfants à besoins particuliers. Lorsque je travaille, je porte *la cape* de la femme, de la travailleuse, de l'entrepreneure, de celle qui, comme tout le monde, TRAVAILLE, à la différence que chez moi le travail est perçu comme un loisir.

Oui, lorsque je travaille, je ne ressens jamais cela comme une corvée car je le fais par choix, pour mon plaisir, pour mon épanouissement, pour sortir la tête de l'eau, pour sortir de l'étiquette de maman d'enfants en situation de handicap. OUI, le travail est mon meilleur allié pour m'évader et me REconstruire. Je peux travailler jusqu'à épuisement. Je ne me mets pas de limite dans mon travail, chose que je devrais faire mais que je ne parviens pas très bien à réaliser, car il devient mon salut.

C'est amusant de constater que, dans certaines situations, les choses les plus banales, lorsqu'elles semblent nous être inaccessibles, deviennent à nos yeux primordiales. Il m'arrive parfois de rire de cette lutte que je mène pour travailler et être efficace.

Travailler? Dans les familles biparentales, plusieurs options peuvent se présenter. Soit aucun des deux ne travaillent pour s'adonner intégralement aux soins de l'enfant, soit un des parents reste sans emploi afin qu'il puisse se rendre aux différents rendez-vous pendant que l'autre travaille. Dans les deux contextes, un sacrifice s'impose: sacrifice de sa carrière, sacrifice de son intégration sociale.

Pour les familles monoparentales, cela est très compliqué et, le plus souvent, le choix de l'inactivité professionnelle s'impose, laissant ce type de famille vivre malheureusement avec de faibles revenus en plus de la réclusion sociale.

Ici, je tiens absolument à souligner que ce n'est pas la paresse qui habite les parents dans ma condition, mais que ce sont bel et bien les conditions qui sont des obstacles. Il m'est primordial de clarifier ce sujet, car trop vite nous faisons des amalgames, car trop vite nous jugeons, car trop vite nous condamnons. Ce sujet, je ne peux que trop bien en parler.

Femme active, dynamique et pleine de ressources, j'ai dû par la force des choses prendre une décision: abandonner ma maîtrise en enseignement, car la condition de ma fille trop demandante, trop exigeante m'épuisait, je n'avais plus aucune force pour étudier. J'ai tenté de m'accrocher, j'ai par ailleurs obtenu de la neurologue de ma fille à l'époque, ainsi que de la travailleuse sociale, une lettre expliquant la situation de ma fille, ses diverses hospitalisations et autres, afin d'avoir une grâce dans mon programme et ne pas être éjectée de celui-ci; finalement c'est la fatigue qui a eu raison de moi et qui m'a contrainte à renoncer à cette formation qui me promettait un plein épanouissement dans ce que j'aime tant faire: enseigner. J'ai dû par la suite renoncer à mon poste d'enseignante, pour deux raisons. La première est que, n'ayant pas achevé ma formation, je ne pouvais renouveler mon permis qui était conditionnel à celle-ci, et la seconde est que, ma fille une fois scolarisée, commençait et finissait l'école aux mêmes heures que mon service. En tant que salariée, je n'avais aucune possibilité d'aménagement de mes horaires de travail. Or, son école située à Montréal n'ayant pas de service de garde, je n'avais pas d'autre choix que de cesser mes activités dans la mesure où j'enseignais à Saint-Hyacinthe, située à 1h00 voire 1h30 avec le trafic de Montréal. Je pense que je n'ai pas tout de suite senti le coup car j'étais alors enceinte de mon petit garçon. C'est au cinquième mois de mon fils que la terrible réalité me foudroya: quoi, 32 ans et plus d'emploi… Non, je n'avais plus de repères professionnels, plus d'objectifs… Je ne voyais plus d'issue… L'issue de secours s'était envolée, éloignée, dissimulée à mes yeux. Et parce que pour moi il était substantiel de travailler, car travailler me fait sortir de mon rôle de maman d'enfants malades, d'enfants à besoins particuliers, parce que travailler me permet d'être comme tout le monde, je me suis dirigée vers les Carrefours jeunesse-emploi pour une réorientation professionnelle.

J'ai pu, grâce à un ami, trouver un emploi dans un tout autre champ de compétences, dans lequel à ma grande surprise j'ai pu m'épanouir et devenir une autre femme.

Mais très vite ma réalité à nouveau à moi s'imposa: en octobre 2016, mon fils tomba dans le coma, et je perdis mon emploi qui était rédempteur pour moi… COMA.

Ce coma m'amène à évoquer ces moments difficiles qui me perturbent dans ma rédaction, qui font battre avec force mon cœur et qui tant d'émoi suscitent en moi. Le coma, ce coma, cet horrible coma qui en une fraction de seconde enleva au père de mes enfants et à moi-même nos espoirs, notre réconfort et l'assurance sur le devenir de nos deux enfants. Ce coma provoqué par le status epilepticus de mon fils, de mon bébé de treize mois, m'a traumatisée, nous a tous traumatisés, à commencer par ma fille qui, depuis cet incident, associe les ambulances à son *crère*, qui au son des sirènes dit: «Momone bobo?» Oui, Momone bobo… Un réel traumatisme pour toute notre famille.

Le coma, ce coma me ramène aussi en décembre 2009, lorsque ma fille avait perdu connaissance une heure durant, alors qu'elle était âgée de 18 mois. En ce temps, nous ne savions pas qu'elle était épileptique. À tout bien y réfléchir, je pense que c'était une convulsion tonicoclonique car, de mes souvenirs flous, entremêlés, ses yeux avaient révulsés et sa langue rentrait à l'intérieur. Mon ex-conjoint avait tenu, durant tout le trajet de la maison aux urgences, son doigt dans la bouche de ma fille, endurant la souffrance causée par la mâchoire crispée pleine de dents… Douloureux souvenirs.

Le coma… ce coma me ramène en 2012, lorsque, à la suite d'une simple opération, ma fille, à la sortie du bloc, avait fait une hémorragie, suivie de convulsions… Oui, je me rappelle de ce moment où le sang gicla sur moi, les infirmières en alerte sur mon bébé de quatre ans, ma princesse...Et impuissance chez moi, et inquiétude chez moi, et solitude, car j'étais seule ce jour-là. Sur le coup je n'ai pas pleuré, j'ai refusé de pleurer, mais je ne sentais plus mon corps, je ne voyais que les efforts de l'équipe médicale pour d'un, stopper l'hémorragie, puis de deux, arrêter les convulsions. Une fois tout cela fini, je pris ma fille sous inhalateur tout contre moi, refusant de la mettre dans son lit, comme si cela me permettait d'effacer l'impuissance que j'avais eue face à tout ce qui avait précédé.

Cette impuissance, continuelle impuissance face à la condition de mes enfants, me pousse inéluctablement, de façon mécanique, à travailler car, à travers le travail, je peux enfin avoir un semblant contrôle, contrôle sur les tâches qu'exige ma fonction, contrôle sur mes choix, oui, le choix de travailler ou pas.

« Travailler »… Ce mot chez moi résonne comme un son chimérique, presque inaccessible, une fraîcheur que nous attendons au moment des grandes chaleurs, mais qui ne vient pas. À l'origine, ce mot, en moi, a toujours été positif, synonyme de réalisation, d'accomplissement. Ce mot ne m'a jamais effrayée, il a bien au contraire été pour moi source d'enthousiasme, aussi j'ai toujours travaillé avec beaucoup de plaisir, mettant tout mon cœur à l'ouvrage. Mais la condition de mes enfants a quelque peu brimé cet enthousiasme, car notre réalité ne me permet plus de travailler où je veux, comme je veux… Oui, le travail, mon travail, l'enseignement dans une classe, ne m'est plus permis à cause des aléas dûs à la condition de mes enfants.

Enseigner, j'adore ça, j'aime apporter le savoir à mes apprenants, j'aime voir les yeux de ces derniers briller lorsqu'ils comprennent une notion qui leur était difficile, j'aime les amener à se dépasser, à donner le meilleur d'eux-mêmes, à avoir davantage d'estime d'eux-mêmes, à sortir de leur zone de confort et à se découvrir. Oui, j'adore le rôle que l'enseignant a dans la société, car l'enseignant est celui qui fait de l'enfant l'adulte de demain.

Mais moi, maman de deux enfants à besoins particuliers, j'ai dû renoncer à cela pour diverses raisons. La première est d'ordre éthique. En effet, lorsque dans une semaine j'ai deux rendez-vous et des appels pour venir chercher mon enfant qui a eu un malaise, je ne peux pas prodiguer une bonne routine de travail à mes apprenants, qui ont souvent des remplaçants. Ma conscience professionnelle me fait les plaindre énormément. La seconde est beaucoup plus importante car, à cause de ma situation, je n'ai pu obtenir le brevet d'enseignement. Aussi j'ai dû tout simplement arrêter l'enseignement en présentiel. Cependant, arrêter de travailler, je m'y suis toujours refusée. Il m'a donc fallu trouver d'autres solutions pour me maintenir dans une activité professionnelle.

Pour être totalement en contrôle et ne plus perdre prise sur mon avenir professionnel et, par conséquent, sur mon avenir social, j'ai décidé d'entreprendre. Oui, l'état de mes enfants étant instable et face aux nombreux rendez-vous médicaux, j'ai décidé de me lancer à mon compte pour me maintenir dans ce monde professionnel qui me délivre, qui m'extrait de ma condition de maman d'enfants malades.

Chapitre III

. . .

TRAVAILLEUSE
AUTONOME

L'entrepreneuriat, meilleure option pour notre condition et meilleur choix que j'ai jamais fait de ma vie: l'entrepreneuriat, mon issue de secours, mon second souffle de vie.

Pour pouvoir travailler, je me suis mise donc à entreprendre, entreprendre en qualité de travailleuse autonome. Oui, j'ai décidé *de partir ma business*, comme on le dit ici au Québec. J'ai commencé par ouvrir un salon de coiffure et je peux vous assurer que ce fut une période très difficile, car cela me demandait une présence continuelle au salon. Je travaillais plus que je ne voyais mes enfants, la fatigue graduellement m'enveloppa et mon corps n'a pu tenir le choc… Fin du salon de coiffure, pour ensuite m'associer à une de mes amies dans l'entreprise de soins capillaires qu'elle avait déjà lancée. C'est avec passion que je devins sa partenaire, et ensemble nous travaillons à faire grandir ce bébé. Le désir d'avoir un autre bébé auquel je donnerais naissance m'a donné la force de commencer un autre projet sur lequel je travaille d'arrache-pied pour lui permettre, à lui aussi, de voir le jour.

L'entrepreneuriat ne me fait pas peur; au contraire! Il me permet d'avoir de l'espoir dans une autre carrière que celle pour laquelle j'ai étudié. Il me donne la force pour garantir l'avenir de mes enfants et il me donne tout simplement la possibilité de me sentir vivre et de vivre.

En entreprenant, je demeure mon propre patron, j'adapte mon temps de travail à notre situation et, peu importe les événements relatifs à l'état de mes Bébéloups qui surviennent, je garde enfin le contrôle. Le contrôle sur ma vie professionnelle, oui, ce fameux contrôle qui pour une fois ne m'échappe pas, du moins pas dans ce domaine. Grâce à l'entrepreneuriat, je n'ai plus de stress. Oui, si mes enfants convulsent et s'ils doivent être hospitalisés, je peux être présente car, tout en étant à leur chevet, je peux travailler.

En dehors de cet aspect pratique, l'entrepreneuriat me fait sortir, me met au contact des autres, me permet de créer des liens amicaux et professionnels... Oui, l'entrepreneuriat me fait sortir de mon isolement, me fait revivre, me revalorise, me donne de l'importance... Mais, au-delà de cela, entreprendre me permet de mettre en scène ma pleine potentialité, ma créativité, mon professionnalisme et mon expertise... Tout ce que j'ai toujours désiré. J'apprécie tellement cela que je peux travailler jusqu'à pas d'heure pour faire d'autres projets, pour faire des projections.

Faire des projections, chose qui m'était si difficile, car j'étais trop ancrée dans ma réalité de maman d'enfants en situation de handicap. Faire des projections, chose qui se cachait à moi tant j'étais submergée par la peine, la culpabilité. Oh oui, je peux désormais me projeter, cependant, je dois l'avouer, uniquement dans ma vie professionnelle. Je pense que le reste viendra tranquillement, graduellement. Oui, maintenant, je me dis que je peux avoir espoir pour ma vie personnelle. Si entreprendre m'a permis enfin de faire des projections sur cinq ans, sur dix ans, je sais que le bien-être que je ressens grâce à mon rôle d'entrepreneure rejaillira sur ma vie personnelle. D'ailleurs, plus j'écris et plus je suis convaincue que je reprendrai le contrôle de ma vie personnelle et que très rapidement je pourrai me projeter sur cinq ans, sur dix ans. Oui, c'est ça, la force du travail sur ma personne, ce sont tous les bénéfices que m'apporte l'activité professionnelle. Aussi, me connaissant, je sais que je m'efforcerai de faire en sorte que le travail soit mon allié, car le but n'est pas que j'en devienne l'esclave. Non, il doit me permettre d'avoir un équilibre dans ma vie et de pouvoir répondre non seulement aux besoins de mes enfants, mais également aux miens.

Le flot de ma vie… Oui, ce flot qu'est ma vie, lequel est

jonché de défis face aux problématiques de mes enfants, face aux différentes embûches qui se présentent à moi, face à ma destinée, semble me faire comprendre que je dois malgré tout me battre, ne jamais renoncer, pour mes enfants et pour moi-même. Malgré mes états d'âme, mes moments d'abattement face à la dureté de la condition de mes enfants, je dois être toujours optimiste en gardant espoir… Oui, ne pas perdre espoir ou plutôt, dans mon cas, rappeler l'espoir à moi.

Il semble que toutes les épreuves qui, jusqu'à maintenant, se sont présentées à moi doivent me permettre de davantage définir ma personne, doivent me permettre de cesser de vivre dans cette culpabilité qui tant me ronge, de cesser de ressentir cette colère, intense colère provoquée par mon impuissance face à l'état de mes enfants, face à notre condition familiale, doivent me faire comprendre que rien n'est parfait et que ma responsabilité, face aux événements se présentant à moi et sur lesquels je n'ai aucune emprise, n'est nullement engagée.

Oui, il semble que je doive lâcher prise sur ce que je ne contrôle pas, que je doive essayer de vivre pleinement ma vie en la dissociant de celle de mes enfants, en la dissociant de mon passé.

Oui, il apparaît que ma vie, que je pense finie, ne l'est point… ne l'est point.

Je comprends alors qu'un quatrième recommencement s'offre encore à moi, avec de nouvelles perspectives, un renouveau sentimental avec une autre personne, amour d'enfance, premier amour, qui n'est point Mon Ange et qui a charmé à nouveau mon cœur…

Ce nouveau départ, orienté vers de nouveaux horizons, me fait cependant peur car c'est encore vers l'inconnu que je vogue.

L'inconnu, cet univers sur lequel je n'ai aucun pouvoir et qui jusqu'à ce jour m'a joué de mauvais tours, qui m'a rendue contrôlante sur tout, qui me donne tant d'inquiétudes pour l'avenir de mes enfants, qui pointe un avenir pour moi, un avenir que je croyais évaporé, m'effraie terriblement. J'espère, alors, pouvoir surmonter ces craintes et vivre… vivre.

...

VIVRE

...

Vivre... Vivre je dois, lorsque face à des

circonstances- épilepsie- éprouvée je suis

Face à ces circonstances

- dysphagie-

l'ATTENTION focaliser je dois

Et des INTENTIONS élaborer il me faut

Mais comment dans la confusion de la vie

Dans la brutalité de ma vie, sur un élément

mettre l'attention, déposer MON attention?

Mais comment dans la déroute de la vie

Dans l'effroi de ma vie, mon intention déterminer?

MES intentions projeter?

Car vivre, lorsque dans la torpeur de la vie

je demeure,

Me l'imposer je dois

Je dois vivre pour moi SEULE, MAIS pour

elle, pour lui, pour eux, pour nous... Pour NOUS

Nous, qui comme un seul corps liés semblons,

soudés restons, fusionnés SOMMES

Nous, immuable nous, qui, face à notre vie, mettre

notre ATTENTION sur des points- paralysie-,

concevoir nos INTENTIONS sur ces points

- handicap-

et VIVRE, nous abandonner devons.

Allez! On ramasse tout pour baisser les rideaux et

les ouvrir à nouveau pour une nouvelle pièce...

Ddadmon

Parce qu'un livre est le fait de plusieurs collaborations, je remercie toute les personnes qui ont contribué à la réalisation de mon oeuvre: Elina, Christine, Marrie-Eve, mais aussi et surtout Valerie Yapi qui n'a eu de cesse de me soutenir, Gaëlle Acho, mon bébé, Christelle Goba, mon âme sœur et bien sûr mes chers et tendres enfants, Sade et Djimon.

Accompagnement à l'écriture:

Elina Timsit Desjardins

Correction: Valérie Auclair

Couverture: Christine Saint-Onge

Photographie: Marrie-Ève Larente

ROMAN DE VIE

...

LE FLOT

DE MA VIE

MATER

SADMON

Made in the USA
Middletown, DE
30 May 2023

31309786R00163